DOS MATADORES

uno novela por

MARCUS MCGEE

Traducido Por Emilia Quiñones Otal

PEGASUS BOOKS

Pegasus Books
P.O. Box 235
Neptune, New Jersey, 07754
www.pegasusbooks.net

Primera Edición: Abril 2012

Publicado en América del Norte por los libros de Pegasus. Para más información, póngase en contacto con los libros Pegasus c / o Sra. McGhee, PO Box 235, Neptune, New Jersey, 07754.

Biblioteca del Congreso de Catalogación en la publicación de datos
McGee,Marcus
Dos matadores / Marcus McGee - 1 ª edición
p. cm.
Biblioteca del Congreso Número de control: 2012935396
ISBN - 978-0-9832608-8-2

1. Drama: Europa continental. 2. Historia: Europa - España y Portugal. 3. Familia y Relaciones: Amor y romance. 4. Cuerpo, Mente y Espíritu: Espiritualidad - Curso de Milagros.

10 9 8 7 6 5 4 3 2 1

Comentarios acerca de dos matadores y solicitud de copias adicionales, las tasas de club de libros y presentaciones de autores de habla, puede dirigirse a Marcus McGee o Libros Pegasus c / o Sra. McGhee, PO Box 235, Neptune, New Jersey, 07754, o puede enviar sus comentarios y solicitudes a través de e-mail a marcus.media @ yahoo.com
También disponible como libro electrónico en tiendas de Internet y de Pegasus Books

Impreso en los Estados Unidos de América

Esto para que el corazón se llena de profunda lujuria
Esta pasión por el destino no voy a negar
Esto es para el alma que nunca confiar en
Esto porque el amor inmortal que no puede morir

Esto para... mi propio Isabel

El amor junta los cetros con los cayados;
la grandeza con la bajeza,
hace posible lo imposible;
iguala diferentes estados
y viene a ser poderoso como la muerte.

Miguel de Cervantes

DOS MATADORES

Marcus McGee

Traducido Por Emilia Quiñones Otal

DOS MATADORES

La Historia de una Vida

Tercio de los tontos

Si las palabras, llenas de fuerza y dolor, que he escuchado de hombres moribundos son ciertas, entonces la edad tiene una manera de elevar el sentido de perspectiva de las personas. Y la sabiduría resultante es sonorizada con un cierto cinismo que recuerda lo banal que es todo. Y todavía, el verdadero afortunado, puede sacarle partido a la vida vivida, y encontrar en ella poesía y arte, si se queda en este mundo lo suficiente, y tiene la apreciación y naïveté necesarios para entenderla.

Estaba yo en Sevilla, al sur de España, en búsqueda de la sangre de la vid, del *Manzanilla, Fino, Oloroso* y por su puesto del *Amontillado*. Varios días después, cuando me sentí saciado, decidí tomar algunos días para disfrutar y explorar la ciudad. Era después de todo, una ciudad con una historia fantástica, con palacios y tradiciones muy románticos de la época musulmana, con secretos fascinantes, susurrados desde hace trece mil años, además de tener la clase de magia que sólo puede ser disfrutada en un estado de semi-intoxicación.

Y me encontraba en ese estado cuando tome camino hacia La Maestranza, una de las obras arquitectónicas más geniales de la ciudad y asimismo la Plaza de Toros más antigua del mundo, situada en el monte del Baratillo. Me dio un poco de dificultad entrar, sabía que era un ruedo de corridas de toros y aborrezco el maltrato a los animales. Pero no sentí ninguna premonición. No sentía ninguna sensación de crueldad o maldad en el aire, así que entré.

Afortunadamente, no había ningún evento calendarizado para ese día, dándome la oportunidad de subir y bajar los escalones climatizados para admirar la fachada interna de la Plaza, llamada El palco del Príncipe, el palco construido para acomodar a la Familia Real española. Y ahí estaban las ochavas, arcos espectaculares, de color naranja, y los techos con azulejos blancos y azules y las esculturas de mármol por todos lados, que fueron realizadas por artistas portugueses.

Estaba a punto de dejar esa maravilla circular cuando avisté un pequeño grupo de personas en el centro del ruedo. Había un anciano en una camilla con ruedas, acompañado de una enfermera, sirvientes varones y otras personas que incluían adultos y algunos niños. Mientras observaba, un sirviente ayudaba al anciano hombre a sentarse mientras otro ponía una espada en sus manos, bajo un cielo nublado. El grupo parecía reverenciarle mientras él levantaba el acero hacia el cielo con sus cansados y temblequeantes brazos y aplaudieron mientras los criados rescataban al hombre de la brillante espada. Cuando terminó la ceremonia los observé hasta que entraron otra vez en los tendidos y llegaron al pasillo.

Como si fuese obra del destino, estaba yo justo detrás del grupo cuando se preparaban a dejar el edificio, y cuando el anciano me vio, intentó levantarse desesperadamente, mientras apuntaba hacia mí.

"¡El Moro!" gritó él. "¡Morisco!"

Aunque mi lengua es la inglesa, entendí perfectamente lo que decía, pero pensé que debía estar confundido, senil o borracho. Por otra parte debo admitir que el hecho era un poco irónico. En realidad nací en Marruecos y tengo ancestros marroquíes, pero he vivido en América toda mi vida.

"Ven aquí," insistió "Vendrás a mi casa. Vendrás a contar mi historia. Una gitana me dijo que el Moro vendría a mí."

En realidad no había ido a Sevilla a contar su historia. Estaba allí por el vino y el flamenco, pero siempre me ha fascinado una buena historia y luego de haber observado el ritual en el centro del ruedo, estimé que no me decepcionaría. A juzgar por la apariencia de la caravana de vehículos al salir del edificio, el anciano era adinerado. En lógica vinícola eso significaba que posiblemente tendría algunos vinos muy buenos, así que decidí ir por la historia, y por el vino.

El anciano la llamaba su casa, pero era más como un lugar, un sitio, construido en el estilo mudéjar del siglo IX. Era muy antiguo, con arcos de herradura, azulejos pintados a mano con caligrafía árabe y jardines espectaculares. Respiré profundamente, dejándome llevar por la tranquilizante y omnipresente fragancia de las flores de los naranjos que provenía de los numerosos árboles plantados alrededor de los jardines. Y el vino— ¡la bodega de vinos por sí sola era más grande, hablando en metros cuadrados, que mi propia casa! Llevaba encima mi portátil y mi cámara fotográfica, así que estaba listo para escuchar su historia, pero me explicó que la compartiría conmigo luego de la cena.

Aprendí que su nombre era Fernando Castañeda de Castilla, y por los numerosos retratos, honores, trofeos y galardones que se veían por toda la residencia, pude intuir que fue un famoso torero en su día. Luego de que su séquito terminara de felicitarlo y complacerle en lo que necesitaba se fueron, excusándose.

Sevilla se encuentra en la región llamada Andalucía, en España, en el extremo sur de la Península Ibérica. La ciudad y sus vecinos se consideran a sí mismos una comunidad autónoma. ¿Y la contribución que hace esta región al mundo? Maravillosos vinos, que estuve todo la semana pasada consumiendo, y por supuesto, corridas de toros y el baile de flamenco.

Los moros, o moriscos, liderados por Tarik el Tuerto, llegaron a Andalucía en el año 711 después de Cristo y se quedaron hasta 1212 d.C. —quinientos años, dejando atrás un gran legado en arquitectura, tradición, religión, cultura y linaje. La piel de la mujer que me atendía tenía un tono aceitunado y sus rasgos faciales parecían africanos, y aún así era sevillana. Era interesante y bella. Se llamaba Fátima.

Nos quedamos solos el anciano y yo en ese salón tan amplio, salvo algunos trabajadores que iban y venían. Algunos criados le llamaban 'maestro.' Estaba en una dieta de líquido y comida blanda así que su cena consistió en peras majadas, dátiles, queso manchego y pequeños pedazos de pescado. El cocinero me hizo un filete, y lo sirvió con judías verdes frescas y pan de horno. Naturalmente, ambos, tomamos vino.

"¡Lo mejor de mi bodega!" prometió, y en realidad era increíble, especialmente las primeras tres botellas. Riojas suaves y sutiles, satinados con un color rojizo rubí muy intenso, y no tenían etiqueta.

"Eres escritor, y has venido a escribir el final de mi vida. Hoy. Ahora mismo," me dijo.

"¿El final de tu vida?" pregunté. "No sé nada sobre usted."

"¡Escribe!" insistió. "Esta es mi vida. Nací aquí, en Sevilla, pero no nací solo. Veintidós minutos después de mí llego mi hermano, Fernando. Es posible que el haya salido antes, no lo sé, pero si tuviese que adivinar diría que él esperó. Yo siempre tengo prisa para todo. Pero Fernando, él siempre fue tranquilo...

contemplativo. No sabía qué había al otro lado, o dónde estábamos, así que es posible que tuviese miedo, y me dejó salir antes."

El anciano tomó un sorbo de su copa de vino, parecía que ya iba sintiendo el alcohol.

"¡Gemelos idénticos, como en la imagen de un espejo!" dijo, echando su cabeza hacia atrás. — Así se nos llamó, por lo que éramos. No exactamente lo mismo, pero sí como si miraras una imagen en un espejo. Fernando era zurdo, pero yo—" levantó su brazo, "derecho, siempre."

"Cuando éramos niños yo era valiente, temerario y posiblemente, algunas veces, insensato, mientras tanto Fernando cuidadoso y provisorio," continuó. "El era inteligente y siempre estaba estudiando. Tenía una mente que entendía todo lo que era difícil de entender. Éramos exactamente iguales en muchas formas, pero su manera de pensar era lo que nos dividía y nos hacía diferentes. Lo que odiábamos nos unía y los amores eran gemelos como nosotros éramos gemelos.

"Unidos odiamos a Franco y a la Guerra Civil, pero amábamos el arte y el buen pan, pero especialmente las corridas de toros," dijo. "Desde que éramos muy niños, cogíamos capas pequeñas y palos y retábamos a las cabras más grandes y malévolas de todo Sevilla— la llamábamos corrida de cabras. Y aun en esos momentos éramos muy diferentes. Yo era un luchador sin miedo, desafiando a una cabra tras otra, pero Fernando—él tenía miedo, así que se retiraba en la seguridad de los libros, ya desde aquel entonces."

"Para cuando teníamos once años" me contó, "hacíamos declaraciones sobre que un día nos convertiríamos en toreros de fama mundial, y ese día las corridas de toros se convirtieron en nuestra pasión, la de Fernando y la mía. A la edad de doce años, nuestro padre nos matriculó en la Escuela Taurina de Carmona, a treintaidós kilómetros de aquí. Allí nos entrenaron en el estilo de Manolete."

Cerró sus ojos, recordando lo sucedido muchos años atrás.

"Nuestro padre, José, él también fue un matador en su época, pero para él las cosas fueron diferentes," suspiró. "Su padre tuvo dinero, pero no tanto como para enviarlo a una buena escuela taurina. Así que para aprender tuvo que ir de pueblo en pueblo toreando en competencias muy peligrosas llamadas capeas. Había mucho peligro en ese deporte porque los toros eran viejos y astutos. Él era lo que llaman un maletilla, en estas corridas, y muchos de sus amigos, que también eran maletillas salieron lastimados o lisiados de los polvorientos ruedos donde se daban las corridas, y algunos hasta murieron. Pero el peligro más grande para estos maletillas era la avaricia y negligencia de los promotores. Mi padre sufrió dos cornadas cuando era joven, pero de todos modos fue afortunado. Uno en mil logró su meta de torear en las grandes plazas de toros y tener una buena vida."

"¿Y qué fue de tu padre?" Pregunté, echándole un vistazo a la lujosa casa. "¿Llego a torear en la plazas y tener la buena vida que dices?"

"Él fue José Castañeda de Castilla," aseguró el anciano con orgullo. "Fue uno de los mejores toreros de Andalucía, pero no llegó a ganar la cantidad de dinero que se merecía. Como no estudió en una escuela taurina, no conocía los pases extravagantes además de que no tenía tanto estilo como para ser torero en los combates auspiciados por los acaudalados promotores en los festivales y ferias. Es en ellas donde un matador puede ganar dinero de verdad. Por esa misma razón para él fue importante que sus hijos asistieran a una buena escuela taurina. Lo que nuestro padre no podía enseñarnos a Fernando y a mí, lo pudimos aprender en la escuela gracias al dinero que ahorró. No éramos ricos, pero tampoco pobres. Teníamos lo que uno llamaría una vida lo suficientemente buena."

Continué escribiendo mientras el anciano hablaba. En el pasillo, había una gran pintura de José Castañeda de Castilla en su juventud. Era un hombre guapo, de ojos intensos. Al ver su retrato no tuve duda que sus hijos gemelos debieron ser igual de guapos en su adolescencia. El maestro continuó.

"Cuando entramos en la escuela de toreros no teníamos experiencia alguna con caballos" mencionó, "así que comenzamos como peones, ayudantes de banderilleros."

Yo estaba intrigado por la historia, pero tuve que detenerlo.

"¿Banderilleros?" pregunté. "¿Qué son los banderilleros?"

"Para un torero, salir victorioso de una corrida por sí solo es una tarea imposible," contestó. "Un hombre solo nunca ganaría contra un toro. El toro es muy fuerte y rápido. ¿Recuerdas los doce trabajos de Hércules en donde el séptimo era capturar un toro? Aún así él era un semi-dios, mientras un torero es sólo un

humano. Por ello en el arte del toreo es necesario debilitar al toro para que el hombre tenga la misma oportunidad de pelear. El matador es el hombre que le hace frente a lo imposible, y gana."
Sonrió y me miró.
"¿Crees en Dios?" preguntó.
"Es una pregunta que me ha perseguido por toda la vida," suspiré. "Debo responderte que no creo, pero tampoco dejo de creer."
"Entonces no estás convencido," se encogió de hombros.
"¿Y alguna vez has hecho frente a un toro, Morisco?"
"Nunca," le contesté.
"Hacer frente a un toro es hacer frente al miedo mismo," dijo. "El toro es la naturaleza, pero en su forma más poderosa, inteligente y peligrosa. Un hombre que no ha aprendido a conquistar el miedo dentro de sí no puede igualarse a un toro en una competencia, ni si quiera luego de ser debilitado por banderilleros. El matador debe, en primer lugar, hacer dócil la naturaleza que yace en su corazón para poder dominar lo que hay más allá."
　　　Yo escribía rápido, intentando capturar lo que decía e ir a la par.
　　　"Hablando así, me escucho como mi hermano, Fernando, el profesor," dijo riendo. "¿Has visto alguna vez un toro de cerca? ¿Sabes cuánto pesa y la magnitud que puede tener uno?"
　　　"No," dije encogiéndome de hombros.
　　　"¡Seiscientos kilogramos!" dijo burlándose. "¡Seiscientos kilogramos y a veces más! ¡Ocho veces más pesado que tú, cuatro veces más rápido y treinta veces más fuerte! Y puede que seas más inteligente fuera del ruedo, pero dentro, el toro es más inteligente. Incluso cuando el toro ha sido debilitado un hombre no tiene oportunidad frente a él, a menos que exista algo más en ese hombre, algo especial dentro de él."
　　　"Pero ningún hombre puede vencer por sí solo a un toro. Hay posibilidad de que pueda vencer a un toro débil, un toro americano, pero nunca al *Toro Bravo*, el toro de lidia español," declaró. "Para dominar a este enérgico toro se requiere un equipo de hombres y caballos valientes. Y cuando Fernando y yo llegamos a la escuela taurina sabíamos justo lo suficiente como para pertenecer a la cuadrilla del matador. Las corridas de toros llegaron gracias a tu gente, Morisco. Fueron introducidas a España

en el siglo XI por los moros, que toreaban desde sus caballos. ¿Sabías eso?"

"No," tuve que admitir.

"¿Has visto alguna vez una corrida, Morisco?" preguntó.

"Sí, cuando era más joven," respondí, "cuando mi familia vivía en Madrid. La vi en televisión."

"Entonces sabes que es un espectáculo digno de contemplar," dijo. "Y aquí en España no es más cruel para el toro que para el hombre. Es la contienda máxima de hombre versus naturaleza, una partida juagada delante de una audiencia que puede observar y aprender de ella desde un lugar seguro."

"Pero el toro muere—" comencé a decir, pero él me corto.

"¡Y los hombres también mueren! ¡Hombres buenos mueren!" afirmó, casi gritándome, con pasión. "Algunos físicamente en el ruedo, sangrando, y algunos de una forma más sutil, por dentro. Cada hombre nace con un toro dentro de su corazón. Pero ese espíritu o esa bestia que yace en su corazón puede morir, y cuando pasa, esos hombres se convierten en muertos por el resto de su vida."

Tomó una pausa para coger un respiro y limpiar sus ojos llorosos.

"Incluso, cuando es un hombre el que gana, puede interceder su compasión," dijo. "Un buen matador se asegura de que el toro no sufre. Un hombre puede tener compasión, pero los toros—ellos no tienen ni rastro de misericordia. Si alguna vez has visto a un toro destrozar a un hombre, nunca más te dará tanta pena por el toro."

Suspiró, moviendo su cabeza.

"En tu cara puedo ver la compasión que tienes por el toro, pero vi muy poca cuando comías ese jugoso filete en la cena," dijo riendo, "tampoco vi compasión cuando sacabas los restos de toro de tus dientes. Naciste en un país maravilloso, Morisco, pero has aprendido muy bien a ser un americano, a juzgar desde la hipocresía."

Mientras él hablaba miré directo a mi plato vacío, donde quedaban sólo huesos y grasa.

"Son los americanos, con toda la compasión que profesan, los que consumen más carne de vaca del mundo, año tras año," me dijo. "Pero para poder consumir tanta carne muchos toros mueren en matanza. En toda España, probablemente mueren en las plazas sesenta mil toros al año, y se utilizan para comer. ¡Pero en América seiscientos mil mueren en matanza cada semana! ¡Más de ochenta mil al día, trescientos sesentaicinco días al año! ¡Ochenta mil toros en un solo día! No hay diferencia entre la crueldad del ruedo y la crueldad del matadero. Cuando estuve en América, visité un matadero, y desde ese día no he vuelto a comer carne vacuna. Ahora sólo como pescado."

Mirando su plato vacío mi única reacción fue encogerme.

"En ambos, plazas y mataderos," continuó, "los toros desean vivir, pero se desangran y mueren. En el matadero ningún toro tiene posibilidades de vivir, ni si quiera uno. Pero al contrario, en el ruedo, el toro al menos tiene la oportunidad de pelear para ganar y vivir. Y algunas veces, incluso cuando ha ganado el torero, el toro puede sobrevivir. ¿Sabías eso?"

"No."

"¡Sí!" afirmó él. "El toro más furioso y aterrador que he enfrentado nunca, La Sombra — peleó tan bien, y lo hizo de una manera tan inteligente que la multitud comenzó a identificarse con él y a ver sus cualidades. Hizo a cada una de las personas entender mejor su yo interior. Y por eso fue indultado. Agitaron sus pañuelos para que el presidente le concediera el perdón a ese toro tan valiente."

"¿Y qué pasó luego con el toro?" pregunté.

"Lo llevaron de vuelta al rancho, en donde tuvo una vida de buena comida y en donde tuvo muchas crías," dijo riendo. "¡Allí tuvo una vida mejor que la que yo he tenido! Regresé a casa a vivir una traición. Me dieron una puñalada y me dejaron morir."

Tomó una pausa.

"Para prepararse para una corrida, el toro debe sangrar primero para liberar la energía acumulada," mencionó el anciano. "Si no sangra, la lidia puede continuar por horas. La muchedumbre se cansará y probablemente ganaría el toro. Es necesario hacer que el toro sangre. A esa parte de la corrida de toros se le llama tercio de varas. Dos picadores salen en sus caballos y utilizan lanzas para debilitar un gran musculo que tiene el toro detrás de su cuello, el morrillo. El toro sangra y comienza a cansarse a sí mismo cuando ataca a los caballos preparados con colchones y con los ojos vendados. El toro intenta levantar los caballos del suelo con su cuello, haciendo que el cuello se canse aun más y se debilite."

El maestro tomó otro sorbo del vino en su copa y continuó.

"Después de unos años en la escuela taurina de Carmona, Fernando y yo éramos lo suficientemente buenos con los caballos para convertirnos en picadores. Pero primero fuimos ayudantes de banderilleros. Cuando los picadores salen del ruedo los banderilleros entran en acción, con sus capas. Es su trabajo preparar al toro para el matador poniendo las banderillas, una especie de dardos, en los músculos de los hombros del toro. Esto hace que los reflejos del toro sean más lentos, y así se vuelve menos peligroso. A esta parte se le llama tercio de banderillas, y luego de ella, entra el matador."

Tosió violentamente, como hacen a veces los hombres viejos, y aclaró su garganta.

"A la última parte se le llama tercio de muerte, y eso significa que uno de los dos, el toro o el matador, debe morir. Los demás participantes, salen a hostigar al toro, pero el matador es el que da muerte, la muleta roja en una mano, la espada en la otra. Es un baile..."

El anciano ondulaba su mano, imitando los movimientos agraciados y elegantes del flamenco.

"Un baile de muerte," mencionó. *"¡Pase de pecho, pase de desprecio, remate, revolera! ¡Olé! ¡Mariposa, manoletina, quiquiriquí! ¡Olé!* Y si el matador es bueno, la muerte llega rápida y limpiamente en la estocada. El toro sufre poco y el matador es celebrado por su valentía, su arte, por su maestría sobre la naturaleza."

"¿Así que fuiste un famoso matador?" pregunté. "¿Tú y tu hermano?"

El viejo hombre suspiró con tristeza.

"Sí, al final mi hermano fue mejor matador de lo que fui yo."

Levantó la cabeza y me miró.

"Es toda una historia, pero tú la contarás, Morisco. La contarás al mundo por mí, y por mi hermano, Fernando. Yo...yo le quite la vida a mi hermano, pero de eso te hablaré luego."

Cerró sus ojos por un momento y comenzó.

"Fue la semana anterior a nuestra graduación como matadores. Practicábamos en un ruedo con un toro joven, un *Miura*, un toro muy inteligente y agudo. Se llamaba Diablo. El mejor amigo de mi hermano era un gitano casi de nuestra edad. Él era el tercero de los banderilleros."

"Bueno," continuó el anciano. "El gitano estaba muy
despistado ese día, no prestaba mucha atención, y en eso el toro lo
enganchó, justo encima de su espalda—lo levantó del suelo, lo
meneó con violencia y lo lanzó al otro lado del ruedo. El pobre
gitano no era un buen contrincante para ese toro. Su cuerpo voló
de un lado a otro, como una pajilla en el viento. El toro atacaba
una y otra vez con sus cuernos, sus pezuñas, con su corazón."

El señor Castañeda de Castilla golpeó su corazón tres
veces.

"Para cuando logramos sacar al toro de encima del gitano,
ya estaba cubierto de sangre. La sangre de sus tantas heridas. Su
cara, machacada y sus intestinos, arrastraban fuera de su cuerpo
por el suelo del ruedo. Era una visión espantosa, que nunca se irá
de mi mente. Y como era el mejor amigo de Fernando, para mi
hermano fue peor. Dejó el ruedo ese día y nunca se convirtió en
matador."

Tuve que interrumpir, para pedirle que me aclarara una
cosa.

"Pero usted dijo que fue un matador. ¿No fue él mejor
matador que usted?"

"Sí, Fernando dejó el ruedo ese mismo día y nunca
regresó a la escuela," me contestó. "No lo volví a ver por siete
años, hasta el funeral de nuestro padre, en esta misma casa. Mi
hermano estaba más maduro y guapo después de tanto tiempo,
pero era una copia exacta de mí. Así que yo era guapo también,
por supuesto."

Levantó la cabeza con orgullo burlón.

"Cuando Fernando se fue, se matriculó en la Universidad
de Sevilla, donde estudió fisiología y zoología. Se convirtió en
profesor, enseñaba filosofía y tauromaquia. Hacía siete años que
no veía a Fernando y lo quería mucho, pero esa noche, en el
funeral de nuestro padre, nos convertimos en rivales."

"Déjame adivinar," dije interfiriendo. "¿Había una chica?"

"¡Claro que la había! En cualquier historia digna de
recordar siempre hay una chavala," dijo asintiendo con la cabeza,
cerrando sus ojos por un momento. "Se llamaba Isabel Castañeda
Zamora, y ella... ella era una flor esplendida, con un dejo de color
aceitunado. Uno de sus abuelos era moro y el otro era primo de
mi propio abuelo. ¡Ah Isabel— una belleza que trasciende las
palabras! Su cara, libre de imperfecciones, como la de un ángel, no
era apta para un hombre ordinario y desafiaba mi valor. Su

piernas eran suaves y su pecho abundante. Se movía como una elegante bailarina de ballet, llena de gracia. Y su cuerpo...su cuerpo liberaba una fragancia, un olor natural, que parecía perfume y que causaba conmoción siempre que había hombres a su alrededor."

Dejó de hablar.

"La conocí yo primero," mencionó. "Nos amamos desde la primera vez que nos vimos. Y luego llegó mi hermano, a meterse. Así que le recordé que yo me había presentado primero y le pedí que me cediera el paso, pero él se resistió e ignoró mi petición. En lugar de eso ¡Fernando prosiguió sin moderación, incluso pasándose de la raya! Como lucíamos exactamente iguales, se le ocurrió marcar una diferencia entre nosotros, para que ella pudiese encontrar preferencia por él. Me llamó grosero y maleducado, y me dijo que me faltaba refinamiento y conocimiento más allá del toreo."

"¿Tu propio hermano te dijo todo eso?" le pregunté.

"¡Peor todavía!" me contestó. "Pero yo soy un luchador y también saboteé sus acercamientos a Isabel. Le expliqué a la chica que enfrentarme al peligro en el ruedo me ha dado más conocimiento mundano de lo que él pueda esperar tener jamás, siendo tan blando y escondiéndose tras sus libros. Isabel intentó ser buena, ¿pero qué podía hacer ella? —atrapada entre dos pretendientes que lucían exactamente igual y parecían odiarse mutuamente. Ella me quería porque yo era un aventurero y precipitado, le hacía sentir cómoda en presencia del peligro. Aun así quería también a Fernando porque era un intelectual y tenía cultura, una persona con estabilidad en la vida. Luego del funeral de mi padre, Isabel regresó a Madrid. Sin embargo, nos prometió a Fernando y a mí que en un año, regresaría a casarse con uno de los dos."

Bajó su cabeza por un momento. Luego miró hacia arriba y sonrió.

"¿Tomamos oporto?"

¡Divino! pensé. El sirviente nos sirvió un oporto añejado del Douro, un precioso liquido que brillaba con un color trémulo rojizo tirando a marrón a través de la parpadeante luz de la chimenea. Saboreé la suave y exuberante complejidad de su fruta, cultivada hace ya muchos años. Y después miré la botella.

"¡Dice 1870!" dije maravillado. "¿Realmente es de 1870? ¡No lo puedo creer!"

"Mis botellas más antiguas, una de las últimas tres, almacenadas en optimas condiciones," dijo él, levantando su copa. "¡Por Fernando, el Ladrón!"

Asentí levantando la mía. "¡Por Fernando!"

"Mi primera corrida de toros como matador la peleé contra Diablo," me dijo, "el mismo toro que mató al gitano, el amigo de mi hermano, y que hizo que Fernando dejase el ruedo. Era un toro muy grande, marrón oscuro, con mal temperamento. Lo gitanos decían que poseía un espíritu perverso y que nadie podría matarlo, pero yo no tenía miedo. Sólo sabía que Diablo era peligroso y muy inteligente. Mi padre siempre me enseñó que los Castañeda de Castilla debíamos temer a esa genealogía de toros. Diablo pertenecía a un linaje que no se llevaba bien con mi familia."

"Me senté esa mañana en mi habitación de hotel," prosiguió el señor, "con la persona de la cuadrilla a la que le tocaba ayudarme a vestir. Y mientras me ayudaba con mi capote de paseo, el manto, rezó una oración por mí y me dijo que no era ninguna casualidad que mi primera corrida en una plaza fuera contra Diablo."

"Hoy es *Shabbat Shabbaton*", me dijo, "Día de la expiación. Tú eres el Sumo Sacerdote frente a la gente. Así que debes derramar su sangre para limpiarlos de sus pecados. De todos sus pecados, este sacrificio los limpiará ante el Señor."

"¿Un sacrificio?" grité mientras escribía. "¡Pensé que era una corrida de toros!"

"¡Por supuesto!" insistió el señor Castañeda de Castilla. "Y en esta asamblea sagrada, celebrada con toques de trompeta, salí al ruedo frente a la muchedumbre. Pero sacrificar toros para salvar a la humanidad no es nada nuevo, Morisco. Diversas culturas y religiones han hecho esto desde el principio de los tiempos. Si ese día me podía llamar a mi mismo Sumo Sacerdote o no, no lo sé, pero lo que sí sé es que cuando maté a Diablo, esa misma tarde, me di cuenta de que un toro en el ruedo es mucho más que un simple toro, y que la gente que miraba no estaba ahí sólo por el entretenimiento."

Tomó una pausa mientras el sirviente llenaba nuestras copas.

"El día que me enfrenté a Diablo entendí que nunca encontraré un toro de carne y hueso en el ruedo," dijo bajando la voz, como si me estuviese contando un secreto sagrado. "Se combate con la naturaleza no con el toro. Así que hombre y naturaleza están ahí, solos. El toro es mera simbología, un emisario, una interconexión con la naturaleza, con algo más allá de lo terrenal. El matador debe volverse uno con la naturaleza para entender al toro, sentir al toro, para vencer al toro. Pero en el momento en que el matador deja de sentir al toro de esa forma, entonces sentirá sus cuernos. Sentirá físicamente unos cuernos que no perdonan a nadie."

"¿Y qué pasó con Diablo?" le pregunté.

"Salió al ruedo lentamente, con cautela, estudiándome detenidamente, como una astuta criatura," comenzó a contarme. "Luego me puso a prueba. Rasgaba el suelo con sus pezuñas mientras me miraba fijamente, y de momento, paraba. A veces se dirigía hacia mí y luego cambiaba de dirección abruptamente, enganchándose a uno u otro lado de la plaza. Todo parecía la premonición de una muerte. Luego me di cuenta de que Diablo había engañado a los banderilleros. Observé que no estaba tan herido por las banderillas como les hacía creer. Su cuello era muy fuerte, hacía difícil la tarea. Era el peligro en la arena."

Tomó su tiempo para encender un cigarro, aspirando el humo por ambos lados de su boca.

"Pero eventualmente entendí. Entendí lo que estaba haciendo, conocía exactamente lo que estaba pensando," dijo. "Yo sabía lo que se disponía a hacer antes de que él mismo lo supiera, y comenzó el baile. ¡Ay, qué complacida estaba la muchedumbre! En todos esos años, ese mismo público no había visto nunca un matador con tanta habilidad en el arte de amaestrar un toro, ¡y menos aun a Diablo! Me llamaron el Bailarín."

Sonrió rememorando.

"¡Qué furioso estaba Diablo! odiaba el baile, me odiaba a mí. Jadeaba salvajemente, gruñía ruidosamente, casi rugiendo, como si un toro pudiese rugir. Y mientras aspiraba y expiraba el polvo, parecía que expulsaba llamas de fuego y humo de su nariz y su boca. Con cada pase era él quien me dirigía, me engañaba un poco con su cuello y luego intentaba engancharme con sus cuernos. Yo me daba cuenta, estaba justo a su lado, peligrosamente cerca, bailando con él. Si me hubiese despistado por un momento, me hubiese atrapado. Podía sentir su cuerpo sudoroso pegado al mío, la fuerza de sus músculos, el latido de su corazón. Me sentí como un Sumo Sacerdote ese día, y la gente ansiaba un sacrificio.

"Al cabo de un buen rato, finalmente Diablo comenzó a cansarse," me explicó. "Ya había rebasado el límite de tiempo. El presidente del ruedo había ordenado toques de trompeta, la primera, diez minutos después de que hubiésemos empezado, y dos avisos más en los siguientes cinco minutos, mientras aun seguía el combate. Pero la muchedumbre y el presidente podían ver lo fuerte y enérgico que era Diablo, más allá de la naturaleza de un toro. ¡Tuvieron que reconocer que esto era más que una corriente lidia! El combate llegó a durar veinte minutos más antes de que finalmente me diera cuenta de que podía hacer la estocada, una puñalada con espada directa al corazón de Diablo, que logré con gran estilo artístico. Su muerte fue rápida y limpia, y los pecados de las personas fueron perdonados ese día."

"¿Derrotaste a Diablo en tu primer día?" le pregunté. "¿Dirías que fue un acto de la Divina Providencia?"

"No hay duda," estuvo de acuerdo. "Dediqué el cuerpo de Diablo a la audiencia, muchos de los cuales venían de Hornos del Segura, la aldea en donde se había criado el gitano, el amigo de mi hermano. A mí me otorgaron las orejas y la cola de Diablo a modo de trofeo. Y así, desde mi primera corrida, me convertí en uno de los matadores favoritos de la gente. Todos me amaban, y donde fuera o cuando fuera que yo apareciera, los aficionados se aglomeraban en la plaza como enjambre de abejas. Yo era experto en la *suerte de matar*, la fase de la matanza. Y así por siete años, llenos de gloria, fui celebrado en dondequiera que fuera, como una estrella de cine, con regalos, privilegios y también con mujeres, las mujeres más hermosas de Andalucía y de todo el mundo, pero ninguna tan encantadora, tan cautivadora ni tan excepcional como Isabel Zamora."

"¡Ah sí, Isabel!" exclamé. "¿Y qué pasó con ella? ¿Regresó al cabo de un año para casarse contigo o con tu hermano, como había prometido?"

"Sí," me contó. "Durante todo ese año, Fernando y yo le escribimos muchas cartas a Isabel, por supuesto, cada uno por separado. Y ella nos escribía de vuelta. En una de sus cartas, me pidió que fuera a visitarla a Madrid. Me emocionaba mucho planificar un viaje a Madrid para verla. Fue casi al final de ese año. De hecho fue justo el último mes. Yo estaba maravillado y sorprendido por la invitación e hice muchos planes. Le compré regalos, conseguí invitaciones a grandes palacios de la nobleza madrileña, hasta hice los arreglos para una celebrada actuación en

La Plaza de Toros de las Ventas, en donde me enfrentaría a tres toros."

"¿Así que Isabel te eligió a ti?" le pregunté.

"Ella me invitó," dijo, "para tomar una determinación. Quería saber si se casaba con Fernando o conmigo. No fue hasta que llegué a Madrid que me enteré de que ella también había invitado a Fernando, por insistencia de él, quien había ido a visitarla también por una semana, y se había marchado el día antes de mi llegada. Pensé que no era justo para mí, pero ¿qué podía hacer? Cuando los amigos de Isabel me llamaron Fernando, ni si quiera intenté corregirlos."

"¿Estabas furioso con Fernando o con Isabel?" pregunté.

"Yo fui el primero en nacer, y también el primero en conocer a Isabel," me dijo, "así que debí haber sido el primero en cortejarla. Pero Fernando ignoró todas las reglas y convenciones sociales. Y fue más lejos. En cada oportunidad que se le presentaba encontraba la manera de manchar mi honor y desacreditarme. Él, más que un profesor de filosofía, enseñaba a sus estudiantes la filosofía del toreo, la tauromaquia. Así que en teoría conocía más sobre tauromaquia que cualquier persona viva. Pero nunca se había enfrentado a un toro."

"¡Qué traidor!" suspiré, disgustado. "¡Que hermano más traicionero!"

"No, no traicionero," me contaba, "no había maldad en lo que hacía. Fernando utilizó la ventaja que tenía, él pensaba que era justo, y esperaba que yo hiciera lo mismo. Ahora lo sé, después de tanto tiempo. Mientras estuvo en Madrid, llevó a Isabel a conciertos y conferencias, a la opera y al ballet y a eventos de alta cultura. Aun así, no fue hasta su último día allí que hizo el daño más grande. La llevó a una corrida de toros en Las Ventas.

"Allí, durante la lidia," me dijo el señor, "Fernando le explicó el mayor significado de las acciones en el ruedo. El primer torero, insistía él, fue Hércules. 'En su séptimo trabajo, contuvo, con sus propias manos, la cabeza del Toro de Creta, que era como una plaga para su gente. Y Teseo fue el siguiente. Combatió con el mismo toro, cuando volvía a ser una desgracia para la población, y lo asesinó con una espada. Luego asesinó al Minotauro, que era mitad-toro, mitad-humano, y que fue quien devoró la juventud de la gente. Una cosa es matar toros domesticados por comida o por hacer un sacrificio, pero otra muy distinta es que el hombre se arriesgue y entable un combate a muerte con el toro, por el bien de las personas de este mundo y que salga victorioso,' dijo, ese día, frente a la muchedumbre que asistía a ver la corrida.

'Sólo el iluminado matador,' me dijo, 'ha reconocido el significado espiritual de la batalla que acaba de cobrar. El toro personifica a la naturaleza desenfrenada, el pecado en las entrañas del hombre, principalmente ira, lujuria, orgullo y envidia, y el combate es una lucha, una pelea contra esos pecados y una victoria sobre los pecados. El ruedo hace las veces de teatro en donde la gente se inspira a tener esa misma pelea internamente en sus propias vidas.

'El matador que no está iluminado,' continuó diciendo, 'sucumbe a ese mismo pecado, al mismo pecado que nació para combatir. Este hombre tiene el odio por dentro, es carnal, orgulloso y celoso. Mi propio hermano, Antonio, es un matador como esos, que lucha en la oscuridad, como he escuchado y visto. El odia su naturaleza, y los deseos lo mantienen cautivo de la falta de significado de que sus conquistas pudieran llenar los asientos de esta plaza. Y aun así, es muy orgulloso para darse cuenta de que él se dejo a sí mismo convertirse en la victima de los mismos toros a los que se enfrenta. Amo a mi hermano, aunque siento lástima por él. Frente a las personas es un campeón, pero en el combate contra sus imperfecciones, en la lucha por su alma, perdió la batalla el día en que se enfrentó a Diablo.'

El anciano sorbió las últimas gotas en su copa y le dio la vuelta, mirando dentro de ella.

"¿Quieres que abramos una segunda botella?"

"¿Por qué no?" Le contesté, tomando lo que quedaba en la mía. "¿Tu hermano dijo esas cosas para poner a Isabel contra ti?"

"Para nada," difirió. "Fernando dijo esas cosas porque él realmente creía que eran ciertas, y estaba en lo correcto, en algún modo. Yo era joven. No entendía en aquel momento las cosas que comprendo ahora. Isabel no se volvió en mi contra. Sus palabras despertaron en ella pasión por mí, como me di cuenta después. Pero sus palabras también la llevaron hacia él, hacia la intelectualidad y la cultura, a querer la seguridad que él le ofrecía. Y entonces yo llegué justo al día siguiente."

Llamó al sirviente y le ordenó la segunda botella de oporto.

"El día que llegué a Madrid," me dijo, "hice una presentación especial en Las Ventas, en donde tuve combate con tres toros. ¡Y la muchedumbre, ay ellos me amaron! Gritaban,

"¡Manolete! ¡Manolete! ¡Manolete!" una y otra y otra vez, nombrándome el campeón de España. Fue un día glorioso."

"Había planificado llevar a Isabel a una cena especial que hacían en mi honor en el palacio del Duque Luis Carrero Blanco," me contó. "Pero ella decidió que no debíamos ir. Ella había hecho reservaciones en el Hotel Inglés, a donde quería que fuésemos directamente. Una vez allí, quería que hiciéramos el amor. Lo hicimos treintaitrés veces, ese primer día."

"¡Treintaitrés veces!" exclamé. "¡Eso es imposible!"

"Extraordinario, sí; increíble también; pero no imposible," dijo. "Al segundo día, la quise llevar al rodaje de una película. Una compañía estadounidense rodaba un film sobre mí, pero una vez más, ella quiso quedarse en el hotel y hacer el amor. Yo estaba cansado, por supuesto, y un poco adolorido. Sólo lo hicimos veintidós veces. Y al día siguiente, quería hacer exactamente lo mismo, y al otro día también. Ya para el final de la semana, lo único que habíamos hecho era comer y hacer el amor, hacer el amor y comer, con algunos periodos para dormir entre medio."

"¿Así que Isabel te eligió a ti?" me aventuré a preguntar.

"Déjame terminar," insistió. "Fue la noche antes de mi regreso a Sevilla. Bien, pues luego de la semana que tuve con ella, estaba seguro de que me había elegido a mí. Mi hermano nunca había sido un hombre viril. De ninguna manera él podía haber competido con mis proezas carnales en la cama, Isabel era una mujer apasionada y sensual, con un apetito sexual que crecía con cada plato de lujuria que consumía. Pero ese día me dio una sorpresa."

"¿Cómo?" tuve que preguntar.

"Al final, seleccionó a mi hermano," dijo. "Me dijo que me amaba muchísimo, pero que no era el hombre con el que ella o ninguna otra mujer desearía casarse. Decepcionado y confundido, le pregunté por qué. Me sentí como si me hubiesen herido de muerte, sentí una cornada directa al corazón al oír sus palabras."

"Eres un matador—tan guapo, tan viril y confiado. Has disfrutado de cientos de mujeres, y posiblemente más," explicó ella. "¿Quién soy yo para competir entre tantas? Pero quiero que seas feliz. Has recibido los placeres de mi cuerpo sin condiciones ni cargos. Has logrado conquistarme, y me has devorado, todo lo que has querido, hasta estar exhausto."

"¡Pero te amo! alegue," me dijo. "Las estrellas en el cielo son incontables, y aun así existe sólo un Sol. Y cuando el sol sale, el brillo de las estrellas se desvanece. El tiempo que he pasado contigo es sólo el amanecer. ¡Qué día más glorioso nos queda aún por delante!"

"Sí," admitió ella, "Pero eventualmente el sol se pondrá, como siempre hace, y volverás a contar estrellas. Te encontrarás en un futuro, en otra ciudad con mujeres sin nombre y sin cara. Luego de la conquista del toro siempre viene la conquista de la mujer. Es tu naturaleza."

"¡No es cierto!" argumentó él. "¡No conmigo! ¡No volveré a ser así! ¡No ahora que tengo la luz del sol desde hoy en adelante!"

"Los hombres como tú," continuó ella, "Confunden el sol con la inconstante luna, que brilla mucho por unos días y luego desaparece. Te quedas bajo la luz de la luna y de las estrellas mientras aun crees que existe la luz del sol. ¡Ay, Dios mío! Acepta quién eres, Antonio, como disfruté yo de siete maravillosos días y siete maravillosas noches contigo, bajo tu cuerpo, bajo la luna, o como una de tus estrellas. Los hombres como tú están hechos para dar placer a la mujeres, para hacer a la mujeres sentir los placeres más grandes. Eres salvaje y desenfrenado, como un toro, y me encantó la excitación y la pasión que me hiciste sentir. Pero los hombres como tú no están hechos para casarse. Me casaré con tu hermano Fernando, el mes que viene. Él es la mejor opción."

"De todos modos seguía enamorado de Isabel," recordó el viejo hombre. "No había confundido el sol con la luna. Nunca había conocido de qué está hecho el amor hasta ese momento, mientras perdía a la única mujer que había amado y que he amado jamás," continuó. "Me quedé ahí sentado mientras ella se levantaba de la cama porque tenía que saber algo más."

"¿Hiciste esto también con mi hermano Fernando, cuando estuvo aquí?" le pregunté.

"No. Ni si quiera lo consideré, ni por un momento," dijo ella. "Para el hombre con el que te vas a casar, una mujer debe guardarse hasta el matrimonio. Y puedes pensar lo que quieras de eso."

El anciano regresó a mí y al presente.

"Recuerdo claramente esa mañana y la manera en que ella me miraba, mientras me decía esas cosas—'Puedes pensar lo que quieras de eso.' ¡Nunca había sentido tanta tristeza ni tanta nostalgia en mi corazón! Era la primera ver en mi vida que estaba seguro de estar enamorado. No sentía ninguna confusión. Y un hombre apasionado nunca olvidaría un momento así. ¿Recuerdas, Morisco, el primer momento que te sentiste así?"

Sorprendido por una pregunta tan personal, no podía recordar al principio, y luego, disparé una respuesta, triste.

"Sí. Sí lo recuerdo, señor."

"¡Entonces realmente has vivido!" dijo, antes de levantar su cabeza y suspirar ruidosamente. "Isabel vino a Sevilla el mes siguiente y se caso con mi hermano. No asistí a la boda, y tampoco felicité a la feliz pareja. Estaba enfadado y resentido porque sentía que me habían timado. Y fue entonces cuando comencé a llamar a mi hermano "El Ladrón," el bandido que robó mi amor y mi felicidad. Estaba enfadado también con Isabel, quien de una manera tan cruel había tomado ventaja sobre las muchas mujeres que me han amado y que me anhelaban en vano, sólo para ver cómo acudía rápidamente a los brazos de mi siguiente amante. Isabel debía saber lo que me había hecho, y como destrozó mi corazón.

"¡No volví a contar ninguna estrella por tres años, ni una!" me dijo. "¡Por tres años deambulé en la oscuridad, bajo un cielo sin estrellas! Y siempre que pensaba en Isabel, el sol salía por un momento, pero rápidamente surgía el pensamiento de que mi hermano me la había robado, ¡me la había quitado! Durante un tiempo odié a mi hermano por haberme robado el sol del cielo. ¡Ay cómo lo odié, a mi propio hermano!"

El anciano secó una lágrima que bajaba por su mejilla.

"Y ese odio logró transformarme. Cambió mi aspecto y me volvió cínico. En el ruedo, no volví a bailar con el toro, tampoco volví a hacer concesiones a la galería. En lugar de eso, imaginaba, justo antes de la estocada, de la puñalada final, y deseaba, que el toro fuera mi hermano y yo pudiera clavar la espada en su corazón.

"Mi sabio escudero," mencionó, "dando cuenta de mi oscuro comportamiento, me advirtió mientras me ayudaba a vestirme una mañana. Me dijo, 'Fernando es tu hermano, carne y sangre, Antonio, y dices que te ha ofendido, pero si no haces el bien, entonces el pecado se esconde tras tu puerta; y es el deseo que te quiere controlar, pero debes controlarlo tú. Mira a los hijos gemelos de Adam, me dijo. Caín y Abel eran gemelos de la misma manera en que lo son Fernando y tú.'"

"No le escuché," me explicó el señor Castañeda de Castilla. "Fernando me ofendía. Pensaba en la herida que creía, me había hecho, y mi odio creció. Distorsionaba mi cara y me hacía cruel y desapasionado en el ruedo. Después de un tiempo, ya no era tan amado por la gente de Sevilla, que fueron los primeros en Andalucía en conocer mi carácter, aun así, yo seguía siendo popular en el resto de España y en México."

"¿Y todo eso por una mujer?" le pregunté. "¿Puede ser una mujer tan maravillosa que haga a un hombre odiar a su hermano?"

"Con todo mi arrepentimiento, sí," admitió. "Isabel era así de maravillosa."

"Y Fernando ¿te odiaba?"

Ladeó un poco la cabeza. "En el funeral de mi madre, tres años después de su boda, lo volví a ver. Y me di cuenta en ese momento de que él estaba molesto conmigo al igual que yo estaba molesto con él, y por la misma razón: el amor de Isabel."

"¡Pero se casó con ella. Él se llevó a la chica!" dije perplejo. "¿Qué razón tenía para odiarte?"

"Se casó con Isabel, sí, pero aun era infeliz, lo que le hacía sentirse herido," me contestó el señor. "Todo se hizo evidente durante el funeral. Fernando se había vuelto cruel en su propia forma. Era extremadamente inteligente, pero perverso y despectivo con las personas que pensaba no eran tan intelectuales como él, algo que parecía incluir a todo el resto de las personas. También estaba alejado de su amor por la tauromaquia, como me pasaba a mí."

"¿Llegaron a hablar durante el funeral de vuestra madre?" pregunté.

"Fue nuestra corrida de hermanos, delante de la familia, y delante del mundo que observaba," dijo. "Comencé diciéndole, 'Me has timado, Fernando. En la competencia por Isabel, no me mostraste el respeto que me merezco como tu hermano. En lugar de cortejarla mencionándole tus finas cualidades, hiciste una campaña haciendo publicidad de mis defectos. Ganaste a Isabel empleando el engaño y desacreditándome. ¡No tienes honor, hermano, por ese Dios que está ahí arriba, la maldad y la perversidad no generan ganancias! ¡Tendrás que pagar tu deshonra!'"

"Miró la espada en mi mano," dijo, recordando.

"¿Qué? ¿Me vas a matar, Antonio?" dijo Fernando. "¿Matarás a tu hermano delante de tu familia y delante del mundo? ¿Y por qué? ¿Por haber perdido la lucha por Isabel? ¡Realmente eres una bestia, exactamente igual que los toros a los que enfrentas! Tus mismas acciones me enseñan que soy el más honorable y honesto de los dos. Tú eres salvaje, básico, corto de mente, eres un bestia con manos sangrientas, que nunca la llegó a merecer. Eres meramente un torero, destinado a morir un día en el ruedo, sin nobleza, como todos los toros desalmados que has masacrado allí."

"Prefiero una muerte sangrienta en el estadio" Antonio contesta "¡que vivir una vida de silencio, oculto entre las páginas de tus libros rancios! Huiste como cobarde. Viste al gitano atropellado y abandonaste el destino. Erigiste a tu alrededor una muralla de libros, para esconder esa realidad, tanto de ti como el mundo. Pero no has vivido un solo día, de la gloriosa vida que añoraste. Viste sangre y huiste en terror. Pero nunca diste frente a ese miedo, nunca diste frente a ti mismo. Nunca diste frente a un toro, Fernando, ni físico ni espiritual, salvo sólo en los textos.

"Prefiero sufrir toda angustia y violencia, habiendo vivido, y siendo el señor de mis días, enfrentar la muerte. Le daría la bienvenida a la muerte, antes que existir en miedo, escondido como tú, preso de tus propios pensamientos. Eres más erudito que yo, Fernando, pero siempre fui sabio donde tu imbécil. La juventud supo enseñarme cuando es hora de despojarse de contemplaciones y laborar. Vive o muere ¡Vive hasta morir! ¡Los hombres que viven, actúan! Los hombres que piensan, se construyen su propio ataúd usando los troncos de su pensamiento. Conquistaste a Isabel, es cierto, pero el tiempo le enseñará que ha unido su destino a un hombre a quien le aterra esta vida. ¡Tú no has comenzado a vivir!"

"Isabel me escogió," rebatió Fernando, "porque conoce tu decadencia y ve que eres una criatura salvaje, un toro semental en los establos, una víctima de asquerosas inclinaciones carnales. Y además, eres un asesino que no conoce la compasión. Es tu naturaleza. En una bestia, tus cualidades serían admirables, pero en un hombre, indeseables, hasta detestables para una mujer respetable, como Isabel. Tú, tú no has comenzado a pensar."

"Mi vida en el ruedo me ha enseñado que un hombre puede superar su naturaleza," dijo Antonio. "Hasta tú mismo, Fernando. Pero para vencer debes hacer una parada a mitad de camino, dejar de esconderte, dar la vuelta y enfrentar tu naturaleza. Cierra tus libros y ven, al otro lado, en el que todos tus conocimientos respiran tienen sangre y vida. Se sincero contigo mismo."

"Al escuchar esas palabras," me comentó el anciano, "Fernando bajó su cabeza pensativo, me asustaba la idea de que estuviera pensando. Pero luego susurró, pidiéndome que me encontrara con él luego, en un lugar más privado, lejos de los oídos y lenguas que habían escuchado nuestra discusión."

"Accedí a encontrarme con él," dijo el maestro. "Quedamos en casa de nuestros padres, en el salón, donde habíamos pasado tanto tiempo juntos cuando éramos niños, escuchando a papá contarnos historias acerca de toreros famosos y corridas de toro. En ese mismo salón soñábamos con convertirnos en los mejores toreros del mundo, matadores gemelos, el orgullo de Sevilla, y más que eso, en donde nos convertimos en mejores amigos."

El señor Castañeda de Castilla tomó una pausa, recordando.

"No sé con cuanta rapidez Fernando pensó en ello, pero fue lo primero que consideré," me dijo. "¡Es posible que me estuviera invitando a aquel lugar tan privado para matarme! Por eso supe que no debía ir sin estar preparado, sin estar armado, así que llevé mi espada. Cuando llegué a la casa, pude ver que la luz estaba encendida. Con cuidado entré en la casa y lentamente me dirigí al salón, con mi espada agarrada a un lado. Cuando entré a la habitación, al otro lado vi a Fernando, sentado en una butaca, apuntando con un revolver hacia mí. Dejé de avanzar."

"¿Me invitaste aquí para matarme?" le preguntó Antonio. "¡Eres un hombre inteligente, pero nunca te saldrías con la tuya en esto!"

Fernando sólo río y luego dijo, "¡Siempre tan peliculero, Antonio! ¿Has escuchado esa línea en el cine? ¿No?" Levantó el arma, apuntando al techo. '¿Esta pistola? La traje para protegerme.'"

"¿De qué?" preguntó Antonio.

"De ti," contestó Fernando, caminando hacia su hermano. "¿Qué planificabas hacerme con esa espada en tu mano?"

Antonio levantó la espada y la puso sobre la mesa, y luego levanto las manos. "Protección de mi parte," dijo. "Si vas a dispararme, hazlo ahora. No tengo miedo. Me quitaste lo único que quería en todo el mundo, el amor de mi vida. No tengo deseos de vivir. Por favor, dispárame."

Fernando puso el revólver en la mesa, se encogió de hombros y meneó la cabeza.

"¡Que gracioso! Te iba a pedir que me apuñalaras, como un favor, justo en el corazón."

"¿Por qué?" preguntó Antonio. "¡Tienes a Isabel! Tienes tu educación. Tienes el respeto del mundo. ¿Y aun así no eres feliz? ¿Por qué?"

"Hermano mío, cuando no has vivido," comenzó a hablar Fernando, "¿Qué importan esas cosas? Estaba pensando que quizás tenías razón en lo que decías antes. Quizás no he vivido. Y es por eso que te quiero hacer una propuesta, Antonio," dijo él.

"¿Qué?" preguntó Antonio.

"¿Crees que soy un cobarde, escondiéndome tras los libros, muy cuidadoso, deshonroso y con miedo a vivir?" adivinó Fernando. "Crees eso, y mientras yo creo que eres un básico, incivilizado e ignorante al significado real del toreo y al propósito real y el deber de un matador. ¿Estoy en lo cierto?"

"Bueno, sí," contestó Antonio.

"Entonces escucha lo que te propongo:" dijo Fernando. "Somos hermanos idénticos. Por un día, un día sólo, cambiaremos de puesto—tú irás a la universidad a enseñar en mi lugar, y yo iré a la plaza a enfrentar a un toro en tu lugar. Ese día veremos quién de los dos tiene razón."

A Antonio le hizo gracia por lo absurdo de la oferta. "¡Tú no puedes enfrentarte a un toro!" se rió.

"¡Y tú no puedes dar clases!" rebatió Fernando. "Así que ya veremos cuál de los argumentos sale victorioso, y a lo mejor, ambos aprendemos de esta experiencia, a dejar de juzgar al otro y logramos entender nuestras vidas desde otro punto de vista. Y quizás dos hermanos enemistados aprenderán a quererse nuevamente."

"Dudé de su propuesta y me preguntaba si sería alguna especie de truco," admitió Antonio, "pero cuando me di cuenta que Fernando hablaba en serio, cedí. Él insistió en hacerlo en la primera oportunidad que tuviésemos, y así sucedió, esa semana era justo la anterior a la Feria de Abril de Sevilla, el perfecto escenario. Con corridas de toros en días de semana durante la semana de feria podíamos un día, simplemente, cambiar de lugares. Yo iría a la universidad, a pasar la tarde enfrentando el intelecto de la juventud y el prestigioso aprendizaje, mientras él iría al ruedo a enfrentar al toro."

Un sirviente recogió los platos de la mesa y sirvió más vino para el maestro y para mí. Luego de tomar una pausa reflexiva, el señor continuó con su historia.

"Pues bien, la semana pasó muy rápido. Mientras pensaba en ello me daba cuenta que Fernando tenía la ventaja. Después de todo, él había sido un picador, un banderillero y novillero. Tenía la experiencia para ser un matador, pero yo—yo no conocía nada sobre la docencia, el aprendizaje o la filosofía. Y así, durante esa semana me di cuenta de que mi hermano tenía razón. Yo era un hombre físico, en la misma forma en que el toro era parte del mundo físico. En ese momento tenía muy poco conocimiento por encima de mis percepciones físicas. Yo era muy diferente entonces.

"Era un viernes, lo recuerdo, una cálida tarde de viernes," dijo. "Los olivos volvían a florecer en prados cubiertos de hierba, las amapolas y las lilas estaban en flor, había también flores amarillas y blancas por doquier. Fernando y yo nos encontramos esa mañana, en la casa de la familia, para intercambiar nuestra ropa y nuestros coches. Observé estaba tan nervioso como yo. Sus manos temblaban, pero logré ver en su cara, en su mirada, y en su quijada bien apretada, que había logrado conquistar sus miedos. Estaba listo para enfrentar al toro. Estaba listo para vivir."

"Mis manos también temblaban," admitió el señor. "No tenía ni idea de qué hacer o decir cuando finalmente me tuviese que parar delante de sus clases con la finalidad de enseñarles algo. Leí dos libros esa semana, dos libros académicos cuyo autor era el mismo Fernando. Pensé que leerlos me ayudaría a prepararme, pero aprender tan solo algunas cosas sólo logró probarme lo mucho que desconocía. Esa mañana Fernando y yo nos abrazamos por primera vez en diez años y nos deseamos éxito mutuamente. A ambos se nos salían las lagrimas mientras partíamos."

El cigarro, enrollado a mano y muy compacto, se consumía lentamente. El señor hecho la ceniza en el cenicero, tomó una bocanada otra vez y prosiguió.

"Fui a la Universidad y aparqué el coche de mi hermano en su estacionamiento reservado," me dijo. "Fernando me había dado las instrucciones, a donde debía ir, qué hacer y cómo llegar al aula. Al ver el respeto del que gozaba mi hermano en la Universidad, logró probar ante mis ojos ese día el hombre excepcional que era. Los demás profesores, trabajadores y estudiantes, sonreían y me demostraban el placer que les hacía verme. Seguí cautelosamente las instrucciones de mi hermano, y todo me fue muy bien, hasta que llegó la hora de parame delante de su clase. Me sentí ignorante y tonto."

"Hoy," finalmente dijo Antonio a la clase, "en lugar de enseñaros yo a vosotros, os tocará hacerme un resumen de lo que habéis aprendido, de lo que os he enseñado. ¿Quién quiere comenzar?"

Los estudiantes parecían confundidos al principio, hasta que una joven alumna, contenta y sonriente, se levantó y comenzó a hablar.

"La corrida de toros," dijo ella, "representa una relación de amantes entre un hombre y una mujer, un baile coreografiado que envuelve peligro y engaño, sangre y pasión, carne y espíritu, el corazón y la mente. Es un asunto serio y solemne de graves consecuencias y aun el resultado no está, para nada, determinado por el destino. El matador es el hombre y la mujer, como el toro, es objeto de su conquista. El hombre desea amaestrar, cansar y someter a la mujer, mientras la mujer reivindica su independencia, su fuerza y el poder de su naturaleza. El hombre que tenga destreza y entienda a la mujer tendrá éxito, mientras, el que sea falso será descubierto y castigado."

Mientras más escuchaba, más se sorprendía Antonio por la profunda respuesta que ofreció la hermosa joven.

"¿Y yo te enseñé eso?" preguntó.

"Estudiamos el tema en clase por tres días. Ha sido mi clase favorita," contestó ella. "Te veías tan apasionado cuando explicabas ese baile entre el hombre y la mujer. Nunca olvidaré como me sentí al escuchar tus palabras esos tres días. Sólo después de esa clase puedo decir que entiendo el toreo...y el amor."

"Gracias señorita," terminó diciendo. "¿Alguien más quiere compartir algo que le haya enseñado?"

Un delgado varón, que llevaba gafas, se levantó y habló, con un acento que parecía madrileño.

"El matador se asemeja a una persona que verdaderamente cree, viviendo dentro de una sociedad de no creyentes. El verdadero creyente ama a Dios y a su prójimo. El verdadero matador ama su trabajo y lo hace desde dentro."

"¿Desde dentro?" le cuestionó Antonio.

"Por supuesto, estoy citando a un teólogo griego cuyo trabajo compartiste conmigo," le dijo el joven. "Cada movimiento que el matador hace es importante y forma parte de una serie de métodos rituales. Importa el método, la habilidad, concentración y dedicación a la causa, al igual que importa la virtud. Una vez el miedo a morir se ha sobrepasado, la plenitud de la vida puede ser apreciada en su magnitud. Por el contrario, los matadores falsos, al igual que los no creyentes, tienen solamente la 'habilidad técnica.' No sienten placer por el arte del toreo. No surge de ellos ninguna emoción, ni jubilo, ni beneficio de ello."

"Y así, pase el resto de la clase aprendiendo lo que mi hermano les había enseñado," dijo el maestro. "Sólo entonces me di cuenta de que mi hermano ya se había convertido en matador, sólo que de una manera diferente. Yo estaba aprendiendo, y luego de escuchar clase tras clase, todo me hizo sentido. Supe que tenía que volverme una persona educada, como Fernando."

Tomó otro sorbo de vino.

"Sin embargo en la última clase," dijo Antonio, "hubo un estudiante que se dio cuenta de que me ponía a la izquierda de la pizarra y escribía con mi mano derecha, mientras mi hermano siempre se ponía a la derecha y escribía con la izquierda. Fue una observación pasajera, pero al mismo tiempo me lleno de consternación y miedo repentinamente."

"Los banderilleros, en el ruedo," continuó, "seguramente pondrían las banderillas en los hombros del toro de una forma, pensando que Fernando era yo. Seguramente limitarían la habilidad del toro de pegar una cornada hacia el lado derecho, de forma que fuera menos peligroso para mí. Hacían eso porque yo soy derecho, ¡pero Fernando era zurdo! En clase, el hecho, se convirtió en un simple comentario, pero en el ruedo podía ser la diferencia entre la vida y la muerte. ¡Tenía que ir a advertirle!"

"Cuando llegué a la plaza," rememoró el señor, "Fernando, ejerciendo mi papel, justo empezaba a enfrentar a su primer toro, uno bastante pequeño, un *Vistahermosa*. Tenía finos y puntiagudos cuernos—*astifino*, y aun así era una criatura de mucho espíritu. Mientras veía como Fernando hacía sus primeros pases, observé que su trabajo era intachable. Ejecutaba habilidosamente una *verónica* tras otra haciendo el "lance de saludo" al toro. Y entonces, luego de que salieran los picadores y banderilleros, se le veía calmado y elegante mientras llevaba al toro a la frustración y la fatiga. ¡*Pase de la firma*! ¡*Aflorado*! Aún puedo verlo. ¡Hasta logró una *manoletina*! Fue hermoso.

"Fue un excelente combate," mencionó, "esa primera lucha. La muchedumbre estaba complacida. Seguían llamándolo por mi nombre: ¡*El Bailarín*! ¡*El Bailarín*! ¡*Olé*! Fue extraño escuchar que llamaban mi nombre y ver a otra persona en el ruedo. Y finalmente, la faena, estaba preocupado por Fernando cuando lo vi sacar el estoque de la muleta, por ser el momento más peligroso para un matador, el momento de la verdad. Contuve la respiración mientras él llevaba a cabo la puñalada de la muerte, y lo hizo con un movimiento tan fluido y a la vez decisivo, y con tal gracia, que la audiencia suspiró en voz alta por el sobrecogimiento que sentían por él. La forma en que el toro se desplomó, la forma en que cayó al suelo, hasta eso, era arte en movimiento. Por segunda vez en el día, mi hermano me había sorprendido."

El señor levantó la copa hacia los cielos. "¡Por Fernando y ese glorioso día!" proclamó.

Levanté la mía para brindar por la memoria. "¡Por Fernando y por aquel día!"

"Cuando bajé a hablar con él," el maestro continuó, "luego de que hubiese acabado la celebración y fuera galardonado con trofeos por el presidente, le dije cuan orgulloso me sentía de tener un hermano como él. También le dije que disfrutara y protegiera su buenaventura. Le pedí intercambiar nuevamente ropas para que yo pudiese enfrentarme al último toro. Le dije que era un *Miura*, inteligente y peligroso. Los matadores lo llamaron Muerte."

"¿Muerte?" interrumpí. "¡Que formidable nombre para un toro!"

"Era un toro terrible," respondió el señor. "Muerte era de color negro carbón con ojos oscuros, músculos grandes en las caderas y un enorme cuello. Era como una catedral, con cuernos apuntados hacia delante. Había algo extraño cerca de él que para algunos era un mal presagio: prácticamente no tenía nada de pelo, ¡un toro con casi nada de pelo! Y peor aún, su genealogía no era nada favorable para los Castañeda de Castilla. La sangre sabe de la vid de la que sale, y así la sangre de Diablo quería un castigo como represalia por su muerte en el ruedo. Entre otros matadores y yo ya habíamos tomado nota de las peculiaridades de este toro desde que tenía tres años de edad. No podía ser agitado para enfadarlo o emocionarlo, al contrario que los otros toros. Mantenía sus intensos ojos, portales directos al infierno, siempre mirando hacia abajo. Se quedaba siempre en un sólo sitio, mirándonos, estudiándonos. No estábamos asustados, pero ninguno de nosotros tenía el entusiasmo de enfrentarlo."

"Por otro lado," continuó contando, "mi hermano Fernando, insistió ese día en que él debía enfrentar al último toro. Saboreó por primera vez la sangre, así que su valor había crecido por encima del sentido común."

"Ya eres un verdadero matador," le dijo Antonio. "No puedes enfrentarte a muerte y seguir viviendo. Has conquistado tu miedo. Te has probado a ti mismo. Hoy he aprendido a admirarte, Fernando. He vuelto a quererte, hermano mío. Ahora déjame enfrentar a Muerte y tú regresa a tu vida."

"El acuerdo ha sido intercambiar puestos durante un día, un día entero," le rebatió Fernando. "Pero el día aún no ha acabado. Por un día soy y seré Antonio Castañeda de Castilla, para lo bueno y lo malo que el día pueda traer, de todo ello debo aprender, y sólo, cuando el día haya acabado, regresaré a mi vida y tú a la tuya. Hoy debo afrontar mi destino."

"Pero debo insistir Fernando," habló Antonio con urgencia. "Esto ya no es una competencia entre tú y yo, y tampoco un experimento intelectual. Hay seis valientes matadores hoy aquí, y a ninguno de ellos le gustaría enfrentarse a Muerte. El sorteo ha caído sobre mí y no sobre ti. Debemos intercambiar nuestra ropa otra vez y que así pueda enfrentar a este toro."

Fernando se dio la vuelta. Caminó hacia la entrada y miró al ruedo en donde los banderilleros preparaban al toro para la entrada de los picadores, luego miró otra vez a su hermano.

"Muerte es simplemente un toro," le dijo. "Un toro que debo vencer."

"No," le dijo Antonio. "He aprendido de lo que le has enseñado a tus estudiantes. Muerte es más que un simple toro. Es una manifestación del universo, un recordatorio de que las vidas y las ambiciones de los hombres son pura vanidad. Has conquistado el miedo que tenías dentro de ti y te has convertido en lo que deseabas ser. No hay nada más que probar, excepto que eres también mortal, y eso es algo que ya sabemos."

"No entiendes," respondió Fernando. "Este es mi momento, mi cita con el destino que he evadido durante toda mi vida. No te había dicho esto, pero hace dos semanas, una gitana vino donde mí, y predijo que este día y este momento llegarían. Me dijo que estarías aquí y que estarías ahí parado, ¡justo ahí! Y me dijo que yo estaba destinado a enfrentarme contra Muerte, ahora mismo."

"¡Eso es imposible!" argumentó Antonio. "El nombre de este toro no es realmente Muerte. Ese es el mote que le han puesto los matadores. El nombre que le pusieron, en el rancho en el que fue criado, es Vitatribuo, los matadores le llamamos Muerte en privado. ¡Esa gitana no podía saber, hace dos semanas, que estarías aquí! ¡La decisión de cambiar de lugar la tomamos hace sólo una semana!"

Antonio intentó aguantar a su hermano, antes de que saliera por el burladero, pero Fernando logró escabullirse.

"La anciana me dijo que este es el toro que debo enfrentar," declaró Fernando. "¡Este toro! ¡Me dijo que este toro me daría vida!"

Antonio intentó seguir a Fernando hasta afuera, ya en el ruedo, pero el alguacilillo, el oficial en el caballo, nunca le dejaría entrar. Así que Fernando salió, en su traje de luces, observando a los picadores mientras intentaban agitar a Muerte para instarlo a que atacara a los caballos cubiertos con lona. Con señas, Antonio les pedía que abusaran de Muerte, que castigaran severamente el murillo del toro, con el objeto de darle a Fernando una mejor oportunidad, pero el toro no se fiaba y mantuvo la distancia. Ya en el momento en que tocó la trompeta, estaba sangrando, pero no todo lo que Antonio hubiese querido que sangrara. Muerte era aún muy fuerte.

Y entonces llegaron los banderilleros con sus dardos, pero Fernando los llamó, e insistió en poner él mismo las banderillas. Era, después de todo, uno de los mejores banderilleros que se habían visto en la escuela cuando era entrenado para ser un matador. Corriendo directo hacia Muerte, logró que el toro se dirigiera a atacarlo, y en el último momento, Fernando pegó un viraje brusco y giró, evadiéndolo y plantó una puntiaguda estaca profundamente en el músculo de su cuello. La cabeza de Muerte cayó un poquito. Y entonces, en el Segundo pase, otro dardo hincado al otro lado, ¡con un estilo espléndido!

"Fernando creó todo un espectáculo ese día," admitió Antonio. "La muchedumbre, excitada, impaciente por disfrutar del combate, aplaudió muchísimo su maestría. Finalmente, ya enfadado, Muerte sacudió su cuerpo y respiré mientras se retiraba hacia atrás, lejos del círculo rojo. Sonó la trompeta, y al fin llegó el combate hombre contra toro.

"Primero salió Fernando, muleta y espada en una mano, montera en la otra," recordaba el anciano. "Hizo una reverencia frente al presidente y le pidió su permiso para matar a Muerte. Delante de la muchedumbre, dedicó el toro a su hermano, Fernando, quién estaba presente en las gradas. Mientras el público aplaudía, yo me quede quieto, avergonzado, en el lugar que le correspondía a mi hermano, quien al dedicarme ese toro estaba en realidad dedicándoselo a sí mismo. Me lanzó su sombrero, la montera, y la atrapé, pero no nos dábamos cuenta de que presenciábamos un momento que nos cambiaría la vida para siempre."

El señor Castañeda de Castilla hablaba, con los ojos vidriosos, mientras la vieja secuencia se reproducía en sus pupilas, como si de un carrete fílmico se tratara.

"Su primer acercamiento fue audaz y temerario," recordaba Antonio. "Fernando se bajó, doblando sus rodillas, aguantando la muleta, la capa, delante de él, tentando a Muerte a embestir. El toro dio algunos pasos hacia delante, estudiando la situación y la posición de los banderilleros, y entonces embistió, con una rapidez espeluznante, directo hacia mi hermano, el que sin ningún tipo de miedo se quedó parado en el mismo lugar, hasta el último momento. Con una agilidad impresionante, Fernando se agachó detrás de la tela, desapareciendo, como si se hubiese ido a otro lugar, mientras la imagen borrosa del toro parecía caer sobre su cuerpo. La muchedumbre quedó horrorizada en primer lugar. Pensaban que el toro le había matado, pero ahí estaba él, de pie, junto a Muerte, ileso. ¡Qué aplauso recibió en ese momento!"

Yo había dejado de escribir, aunque la cinta de la grabadora seguía en marcha. Estaba anonadado.

"Debo admitir que me quedé sorprendido de lo bien que estaba toreando," habló Antonio por encima de las imágenes que corrían en mi mente. "Me cautivaba especialmente porque antes de ese día nunca había enfrentado un toro. Acto seguido, guió a Muerte con una especie de pases que parecían frustrar al toro más aun. Para mí, era alucinante, ver a Fernando dominar a un toro que había intimidado a tantos experimentados matadores. Era como si enseñara al toro a entender su lugar en el orden del universo. Aprendió su lugar y Fernando aprendió el suyo propio."

"El combate llevaba ya diez minutos," continuó Antonio. "*Muletazo, pase de rodillas, gaonera, parar, aragonesa.* Si un matador puede enfrentar a un sólo toro en su vida, por supuesto intentaría dar el mejor espectáculo posible, y eso fue lo que presencié, la corrida de toros perfecta, en toda mi vida no he visto otra igual. Recuerdo la envidia que sentí al ver a mi hermano, que había sido un cobarde toda su vida, y que nunca había enfrentado un toro, atraer y dominar a un toro, de una forma tan espléndida que yo no lograría hacer ni en sueños. Se enfrascó en una pelea impecable contra el toro más inteligente, más fuerte y más favorecido que habíamos visto jamás. Su dominio era extraordinario.

"Y tocó la trompeta otra vez, al fin el momento en que Fernando debía matar al toro. Mostró una enorme paciencia creando el desenlace. Muerte estaba cansado y jadeante, una criatura apagada. Mi hermano procedió a cambiar la espada de imitación, hecha de madera, por la de acero. La siguiente tarea consistía en hace que Muerte juntara sus patas delanteras para que las paletas de sus hombros se abrieran dejando espacio para la puñalada mortal. Logró su cometido con una serie de pases finales con la muleta que llevaron a Muerte al centro del ruedo."

La voz del señor Castañeda de Castilla tomó un tono consagrado.

"El momento de la verdad—el instante en el que el matador se arriesgará más que nunca. ¿Sabes? Cuando hace una estocada en el corazón de cualquier toro, el matador asume un riesgo extremo ya que debe llegar más allá de la punta de los cuernos. Es la diferencia entre la gloria y la deshonra, una línea tan fina y Fernando no decepcionó a nadie. Su estocada, la puñalada, fue como dicen por ahí, como poesía en movimiento. Como yo, la muchedumbre se quedó quieta, embelesada, mientras veían a Muerte frenar y caer sobre sus rodillas, y como empezaba a caer la sangre. Se volcó hacia un lado, su cuerpo temblaba mientras cedía ante la muerte.

"Y entonces vimos a Fernando," continuó el anciano. "Había matado al toro, sí, pero en la tela de su traje de luces había una mancha color carmesí que crecía. Levantó sus brazos, dio algunos pasos, tambaleante y se desplomó. En un momento la muchedumbre, que se deshacía en ovaciones, quedó en silencio de golpe, mientras observábamos como intentaba levantarse, para caer de nuevo. En ese momento nos dimos cuenta de que había sufrido, de algún modo, una cornada."

Secó una lágrima que bajaba por su rostro.

"Grité su nombre," recordó el señor, "pero mi voz era opacada por los gritos de la gente de la plaza que gritaban mi propio nombre. Fernando había recibido una cornada, quizás mortal, pero toda España pensaba que era yo. Todas las jóvenes lloraban, los hombres se daban golpes en el pecho y hasta el presidente se hundió triste en su silla. Un torero legendario había caído, y en ese momento yacía en el suelo, retorciéndose, luchando y muriendo a lado de muerte sobre la arena de la plaza. ¡Todos creían que era yo el que estaba en su posición! Hablaban, ¡decían que era la mejor corrida de toros de todos los tiempos! ¡Y me llamaban el mejor matador de la historia!

"Y fue ese el comienzo del dilema," continuó, hablando cabizbajo. "Sin pensar, me apresuré a saltar la valla, caí sobre el ruedo y corrí hacia mi hermano. Cuando llegué, estaba acostado boca arriba, ahogándose con su propia sangre. El médico ya había llegado, lo sentó y le ayudó a escupir la sangre. En ese momento pude ver la profunda herida, debajo de sus costillas. Ya había visto heridas como esa. El cuerno había llegado a sus pulmones y probablemente se había acercado al corazón. No tenía buen aspecto."

La empática mano izquierda del señor se posó sobre el lugar en donde se encontraba la herida de su hermano.

"Aún estaba impactado," dijo. "El momento se reproducía una y otra vez en mi cabeza. Cuando lo vi desde las gradas esperaba que mis ojos me estuvieran engañando, pero realmente lo vi. En el instante en que Fernando empujaba su espada en el corazón de Muerte, el toro, furioso, movió rápidamente su cabeza hacia un lado y luego la levantó, metiendo el cuerno bajo el pecho de Fernando y sacándolo con otro movimiento de cabeza. La estocada de Muerte fue casi tan poética como la estocada de Fernando. Mientras miraba a Muerte logré ver como respiraba profundamente una última vez mirando a mi hermano, como si muriera satisfecho de haber vengado su muerte."

Otra lágrima y un sorbo de vino.

"En pocos minutos el sacerdote estaba allí," recordaba. "Llegado ese momento, los ayudantes habían traído sabanas y una... ¿cómo es que le llaman? ¿camilla? Sí, pero tenían miedo de moverle ya que aún salía sangre a través de los vendajes. Al sacerdote le entró un escalofrío que sacudió todo su cuerpo al verle."

"Cinco minutos, a lo más diez," dijo el sacerdote. "eso es lo que le queda." Volveré en cinco minutos para ungirle y celebrar los últimos ritos. ¿Eres su hermano Fernando? Por ahora habla tú con él."

"Así que allí estaba yo," dijo Antonio, "allí con mi moribundo hermano, en el centro de la plaza, con todo el público observándonos, y el mundo también, hasta Dios nos miraba, mientras Fernando levantaba su mano para hacerme saber que tenía algo que pedirme. Todos los que nos rodeaban se echaron atrás para dejarnos hablar en privado."

"¡Antonio!" suplicaba Fernando. "¡Perdóname por favor! ¡Necesito que me perdones!"

Antonio bajó su cabeza, rememorando.

"No es necesario," susurró. "Isabel te escogió a ti. Ganaste su corazón porque eres un hombre digno y valiente. Aprendí eso hoy. No hay nada que perdonar."

"¡No!" suspiró Fernando, haciendo un esfuerzo por sentarse. "¡No entiendes! ¿Aún no entiendes lo que ha sucedido aquí? Soy El Ladrón. ¡No era mi intención, pero hoy he robado tu muerte, y te he dado mi vida! La gitana tenía razón. ¿No lo ves? ¡No soy yo el que muere hoy en la arena, eres tú!"

"Miré hacia arriba," contó el anciano, "a mi equipo, los oficiales, al presidente y a la triste y murmurante muchedumbre y me di cuenta de lo que me decía Fernando. ¡No habíamos dicho a nadie que intercambiamos puestos, así que todos pensaban que era yo, Antonio Castañeda de Castilla, quien yacía moribundo en la arena! Para mi asombro, ahí estaba yo ¡presenciando mi propia muerte!"

Se inclinó hacia mí y dijo con voz baja:

"¡Debemos decirles lo que hemos hecho! le susurré envuelto en pánico. "¡No puedo morir hoy aquí! ¡Quiero seguir viviendo mi propia vida!"

"Perdóname por favor Antonio," dijo Fernando. "No le puedes decir a nadie lo que hemos hecho, ¡nunca! Sería una farsa por la que serás desgraciado toda tu vida, haber dejado a tu hermano, que nunca ha sido matador, salir a enfrentar a Muerte en tu lugar. No digas nada, y morirás con gloria. Cuenta lo que hemos hecho y vivirás en la vergüenza. Sólo mira a tu alrededor.

Mira cuanto te quiere Sevilla. ¡Mira cuanto te quiere España! Muere en paz. Tu vida será celebrada."

Antonio miraba a su alrededor, sin saber qué hacer. Todo había pasado muy deprisa. No estaba listo para renunciar a su exitosa vida, pero el destino no dejaba más alternativa. Fernando tampoco tenía otra alternativa.

Hizo un esfuerzo por sonreír, con sus labios llenos de sangre.

"No es tan malo," le dijo Fernando. "Después de todo tendrás a Isabel. En la secuela, has ganado tú."

Antonio bajó su cabeza, pensando en lo que significaba realmente intercambiar sus vidas para siempre. La vida de Fernando no estaba mal, pero prefería tener la suya.

"¡Yo también he ganado!" dijo Fernando. "Estoy muriendo en tu lugar y no estoy triste. ¡Qué día! ¡Hoy ha sido el día más glorioso de mi vida! ¡Qué afortunado soy de morir el día más grandioso que he vivido! Tenías razón Antonio. ¡Después de todo yo estaba mal y tú estabas en lo cierto!"

"¡Pierdes tu vida, Fernando!" le dijo Antonio. "¿Cómo es que tengo yo la razón?"

"Porque la vida no se hace mirando la acción desde las gradas," le contestó Fernando, "o leyendo en libros sobre la vida, la aventura y el peligro, que deseamos vivir, como he hecho yo durante toda mi vida. La vida no está hecha para imaginar, día tras día, la vida que queremos vivir, los sueños que queremos lograr. Para vivir de verdad, un hombre o una mujer debe levantarse y caminar hacia la plaza, dentro del ruedo, a la arena y enfrentar el toro que esté allí, cualquiera que sea, sin importar el peligro, sin importar el riesgo. Debemos girarnos hacia la vida y confrontarla, sin importar lo que nos ponga delante. ¡Es el único camino! ¡Vivas o mueras, mientras disfrutes de tu vida seguirás vivo!"

Fernando hizo unas arcadas y tosió más sangre.

"Además, no he perdido mi vida," comentó mientras parecía sonreír. "Es tu vida la que he perdido, Antonio. Seguiré viviendo a través de ti. Y tú, morirás conmigo."

Su rostro palidecía por la pedida de sangre. Alcanzó mi mano y la apretó.

"Dos promesas," dijo Fernando. "Dos promesas debes hacerme, ¡a tu hermano moribundo! ¡Por el alma de papá! ¡Por el alma de tu hermano!"

"Ya había visto hombres morir," admitió el señor Castañeda de Castilla, "pero nunca a mi hermano, nunca a mí mismo."

La sangre en el regazo de Fernando se había convertido en un charco pegajoso, de un rojo que oscurecía mientras caía la tarde y se ponía el sol.

"¡Te prometo lo que quieras!" grité. "¡Dime!"

"En primer lugar, porque te amo y no quiero que sufras esta desgracia," insistió Fernando, "debes jurar por lo más sagrado que no le dirás ni a un alma nuestro secreto, que no lo dirás hasta que estés en presencia del Ángel de la Muerte o solamente el día que sepas con certeza que morirás."

Antonio dudó, al considerar las consecuencias de lo que le proponía.

"¡Debes prometerlo!" dijo Fernando. "¡Júramelo por nuestro amor de hermanos!"

"Bajé la cabeza en actitud reverente" dijo el anciano, recordando. "Lo juro."

"Y en segundo lugar," dijo Fernando haciendo un esfuerzo. "Debes prometerme que cuidarás de Isabel."

"Por supuesto," dijo Antonio, sorprendido.

"No," insistió Fernando. "Entiéndelo, yo no lo supe hasta que en nuestro matrimonio se abrió el toril. Isabel es el toro y yo el matador, que no merece dominarla. Quizás es un animal que nunca podrá ser dominado. Pero debes prometerme que nunca dejarás de amarla, no importa cuánto ese toro pueda herir tu corazón."

"Cuando me lo dijo, la idea de tener a Isabel como esposa era lo único que llenaba mi cabeza," reflexionó el anciano. "¿Podría convertirse en realidad? ¿Sería posible tomar el lugar de mi hermano, convirtiéndome en su esposo en un sólo día? ¿Se dará cuenta de que soy Antonio o seguirá pensando que soy Fernando? Hacía sólo un día, Isabel Zamora era una fantasía nocturna para mí, una fantasía que me había llevado a confesar al cura la violación del decimo mandamiento. Y ahora, al día siguiente, ¿sería mi esposa? Estaba tan sobrecogido por la emoción de la perdida, del cambio y del miedo que me provocaba que no presté atención a la advertencia de mi hermano."

"¡Debes jurarlo!" dijo Fernando. "¡Por nuestro amor!"

Y una vez más, Antonio bajó su cabeza. "¡Lo juro!"

"Hoy," sonrió Fernando, jadeando, "He vivido. He vivido el día perfecto. Y por este día, te agradezco, Antonio. Y mientras muero, llevaré tu gloria al otro lado, y cuando te vuelva a ver, la tendré allí para ti. Cuando te vea volveremos a cambiar de lugar y volverás a ser Antonio. Hasta ese momento, por favor, ten una buena vida por mí. Déjame un buen nombre."

"El sacerdote nos hizo una señal," recordó Antonio. "Podía ver al Ángel de la Muerte merodeando al matador, mortalmente herido."

"Fernando—" me dijo el cura, "queda poco tiempo. Debo ungirle y celebrar los últimos ritos. Antonio Castañeda de Castilla se dirige a un mejor lugar. Hoy se escribe su nombre en el pergamino de la vida. Sólo nos queda rezar por que tengamos la fortuna de que el ángel venga a por nosotros el día designado."

"Así que me quedé ahí, de pie, mirando cómo el solemne clérigo rezaba mientras practicaba mis últimos rituales," mencionó el señor. "El espíritu de mi hermano dejó su cuerpo con aceite de ungir en su cabeza. Murió el tres de abril. Y cuando la muchedumbre, por dentro de los tendidos se enteró de su muerte, ¡qué fuertes gemidos se escucharon! Y fuera de la plaza, las multitudes, la gente de Sevilla, se congregaban para lamentar la muerte y rendir honores al héroe caído, Antonio Castañeda de Castilla.

"Lloré también, pero no sólo por mi hermano. Lamentaba también la pérdida de mi propia vida, mi propia alma perdida. El juramento que hice a Fernando no iba a ser necesario luego de lo que estaba presenciando. Cuando vi como se lanzaban los jóvenes para levantar el cuerpo de mi hermano y llevarlo en sus hombros alrededor de la plaza, me di cuenta de cuánto me quería la gente de Sevilla y de toda Andalucía. Fernando tenía razón. Después de todo eso, ¿cómo le iba a decir a la gente del fraude que habíamos cometido ese día? Mi nombre y el de toda mi familia sería desgraciado para siempre."

El anciano levantó su copa. "Otra vez nos quedamos sin vino. ¿Abrimos la tercera botella?" dijo y le hizo señas con la cabeza a Luis, su mayordomo.

Terminé y saboreé las últimas gotas, listo para que me llenaran la copa una vez más. "¡Sí, por favor!"

"La ciudad de Sevilla estaba afligida," continuó. "De hecho, España entera estaba impactada. No tenía idea de que mi muerte dejaría un efecto de tristeza y emoción tan profundo.

¡Cien mil velas se encendieron! En menos de una hora recibí la llamada del Generalísimo, Francisco Franco, dictador de España, ofreciendo sus condolencias por la pérdida de mi hermano, Antonio Castañeda de Castilla. Y al mismo tiempo hizo una orden oficial de tres días de duelo. La orden fue innecesaria—toda España lloraría siete días o más, y Francia, México y todo el sur de América. Es un honor vivir lo suficiente como para ver tu vida celebrada, consagrada y lamentada por millones de personas.

"Por insistencia del gobierno viaje con el féretro de mi hermano de Sevilla a Ronda, de Málaga a Barcelona, Valencia a Pamplona, Alicante a Madrid y vuelta a Sevilla para el sepelio. La experiencia me hizo sentirme humillado, como nunca me había sentido. Lloré como no lloró nadie más, al escuchar mi vida y virtudes, contadas por tantas personas a las que admiro. Eso me hizo pensar en la ironía de que tenía tantos admiradores que me querían pero yo nunca había experimentado el amor por mí mismo."

Secó sus ojos con un pañuelo rojo.

"Me quedé en el cementerio y pasaron muchas horas— muchas horas después de que se hubiera echado la última pala de tierra sobre mi última morada," lamentó. "Había tantas cosas que hubiese deseado cambiar sobre mi vida, pero ya era muy tarde. Mi vida había terminado y delante de mí tenía otra vida por vivir, una vida que me fue encomendada por el otro lado de mi propia alma, su complemento, mi hermano Fernando.

Bajando su cabeza, casi parecía que rezaba.

"Por fin lo había aceptado, Antonio Castañeda de Castilla ya no podía existir," suspiró. "Acepté que tendría que cargar con la fortuna de mi hermano, que viviría los días que me quedaban encarcelado en las células, la carne y la sangre de mi propio cuerpo, atrapado dentro de una vida que se distanciaba del camino que había escogido para mí. La suerte me forzaba a seguir un destino para el que no había nacido."

Tercio de Los Corazones

"Cuando terminó el sepelio," dijo el señor Castañeda de Castilla, "ya había condicionado mi mente para tomar la vida de mi difunto hermano y vivir su vida con dignidad y honor. Y dejaría para él un legado admirable. Con Isabel, buscaría una existencia substancial, llena de gozo y de significado. Compartiría una vida privada con una esposa tan adorable, abandonando la fama y la adoración del público que había conocido hasta ahora. Y, antes de que siga, debo admitir que sentí una ansiedad propia de la situación al acercarme a la casa de mi hermano. Después de todo, tomar su vida, significaba perpetuar el fraude con Isabel, continuar con el engaño."

"¡Pero, desde luego, Isabel se daría cuenta de que no eras Fernando!" dije protestando. "He tenido amigos que son gemelos idénticos y hasta yo podía diferenciarlos con mis ojos cerrados. ¡Así que definitivamente no puedes engañar a la esposa de uno de ellos!"

"No puedo hablar por otros gemelos," contestó, "pero cuando Fernando y yo éramos jóvenes a menudo cambiábamos de lugar. Lo convertimos en una práctica para engañar a los ingenuos. Y después de tanta práctica, fácilmente éramos capaces de cambiar y volver a cambiar y ser uno u otro. Por su puesto, tuve que aprender el tono de su voz y su estilo al hablar, su entonación, selección de palabras y las expresiones de su cara al hablar. Cuando éramos niños disfrutábamos mucho haciéndolo, así que lo hacíamos a menudo. Engañábamos hasta a nuestros padres y nuestras hermanas."

"Bueno, es posible," dije haciendo un gesto de incredulidad. "Pero no hay manera de que supieras lo que él sabía sobre su casa y sus hábitos dentro de ella, sobre las conversaciones privadas que mantenían él y su esposa, ni sobre la intimidad que compartían. Por lo que me has contado es obvio que Isabel es una mujer muy inteligente. No entiendo cómo es que la engañaste."

"Cuando eres gemelo idéntico," dijo, "las personas y el mundo proveen una ayuda sorprendente cuando te encuentras en apuros. Lo único que uno tiene que hacer es quedarse callado y hacer algunas preguntas guía. ¿Qué hicimos...? ¿Qué he dicho...? ¿Cuándo fuimos...? ¿Dónde decidimos...? Y la gente, sin pensarlo, ofrece las contestaciones que uno necesita. Aun, no sé si logré engañar a Isabel. Nunca tuve la oportunidad."

"¿Desde que llegaste supo que eras tú, o no?" pregunté sonriendo.

"No," respondió él. "Quizás no hayas encontrado raro que Isabel no haya asistido al funeral de mi hermano, que sin ella saberlo era el funeral de su propio marido, pero mucha gente lo encontraba extraño, incluyéndome a mí. Pensé que vendría, para estar al lado de su esposo durante el entierro, pero no se encontraba disponible. Según mis hermanas, Isabel prefería quedarse en casa.

"Y así, mientras me acercaba al hogar de Isabel y Fernando por primera vez, me sentía inentendiblemente nervioso. La primera razón era el hecho de que no haya ido al funeral para estar a mi lado y me sentía igual de consternado pensando que notaría mis artimañas a la hora de tomar el lugar de mi hermano. Ahora que lo veo muchos años después, tal preocupación no era necesaria."

"¿La engañaste?" interrumpí de nuevo, desesperado por saber.

"Creo que la engañé," dijo, "pero ¿cómo sabe uno cuando está tratando con una criatura tan astuta e ingeniosa como una mujer? Cuando llegué, todas sus pertenencias estaban empacadas en maletas a un lado de la puerta. Isabel estaba de pie junto a ellas con dos niños pequeños, esperando para hablar conmigo. Cuando entré por la puerta, envió los niños con la sirvienta y me llamó a sentarme a la mesa con ella."

"Te dejo por dos razones," dijo. "Y la primera de ellas es que eres un mentiroso ¡y un adúltero! Lo sé todo sobre tu alumna, Verónica. Vino a verme alegando que estaba preocupada por ti. ¡Tan atrevida y a la vez tan ingenua! ¡Que niña más tonta! Me tomó un tiempo hacerle confesar. Le dijiste que no me amabas y que nunca lo habías hecho, y que te casaste conmigo porque estabas celoso de tu hermano y querías negarle una vida feliz junto a mí. ¡Qué hombre tan insignificante! Y ahora tu hermano está muerto."

"Me quedé ahí sentado," me contó, "sólo podía quedarme en silencio y sentirme culpable. No conocía el tipo de relación que llevaban recientemente mi hermano e Isabel. Ella prosiguió."

"¡Cabrón! ¡Vete al carajo!" gritó Isabel. "Le dije a Verónica que te podía tener para ella sola. Le dije que no te quería. Y por tu propia conveniencia le dije que podía traer sus cosas y hacer una vida contigo. ¿La quieres? ¡Ahí la tienes! Está en la habitación esperando por ti."

"No," protestó Antonio. "No la quiero a ella. Ni si quiera la conozco. Te quiero a ti. ¡Siempre te he querido, sólo a ti!"

"Guárdate esas fabulosas declaraciones," suspiró Isabel. "Guárdalas para tu chica. Posiblemente ella continúa impresionada por tu imaginación más tiempo del que lo estuve yo, pero por otro lado, es posible que se convierta en una mujer y comience a desear algo verdadero. Pero no tendrás problema, porque siempre habrá nuevos cultivos de chicas jóvenes e ingenuas en la universidad. Siempre las podrás impresionar con tu conocimiento."

"¡Pero Verónica te ha mentido!" objetó Antonio. "Tráela, que se ponga delante de nosotros. ¡Le diré que no la quiero, que te quiero sólo a ti, que te he querido toda mi vida!"

"¿Ni siquiera en todas esas veces que te acostaste con ella?" preguntó Isabel. "Sudor y lágrimas, tu cuerpo abriéndose hueco entre sus muslos, muchas veces. ¡Me lo contó todo!"

"¡Estoy condenado por una mentira! argumentó él. "¡Debes creerme!"

"Cuando era una chavala te creía, pero ahora soy una mujer, y las mujeres tienen sentimientos," le dijo ella. "Hay una diferencia muy marcada entre una chavalita y una mujer. Una cosa es capturar la imaginación y fantasía de una chica mientras se encuentra en estado de fascinación, pero otra cosa muy diferente es ganar el profundo y complicado corazón de una mujer apasionada. Cuando era joven, capturaste mi imaginación, pero Antonio, él llegó a mi corazón."

"¿Antonio llegó a tu corazón?" preguntó él, sorprendido. "Entonces ¿por qué no te casaste con él?"

"Porque era una niña, y tú me impresionaste con ideas grandiosas y fantasías," le contestó ella. "Tú llegaste a mi mente, mi cerebro. El romance es cosa de la mente, para que la realidad nunca se interponga contra el idealismo. El amor es cosa del corazón. Una chica no es capaz de amar. Sólo las mujeres aman."

"¿Y amabas a Antonio?" le preguntó él.

"Desde el momento en que le conocí," dijo ella, bajando la cabeza. "Le quería, pero no estaba preparada para el trabajo que requiere llegar a amar a alguien, y por eso escogí lo que me decía la mente por encima de lo que me decía el corazón."

"¿Y llegaste a intentarlo?" le preguntó él.

"Lo intenté," le contestó ella. "Me dediqué a mi deber supremo como esposa, ser fiel y sincera. Y por tu falta de diligencia a ese deber no puedo dormir ni una noche más junto a tu fría llama."

Luchó por no derramar ni una lágrima, pero aun así lograron escaparse por sus enrojecidos ojos y bajar por su rostro.

"Antonio era un matador. Era un hombre que vivía la vida y amaba la vida, no como tú. El llegó a entender el espíritu y la pasión del toro, y se dedicó a ello," dijo ella. "Un matador debe conocer donde yace el verdadero corazón. Nunca entenderás a una mujer, y nunca amarás ni experimentarás el amor porque vives una fantasía dentro de tu mente, lejos del corazón. Nunca has enfrentado un toro."

Apretó sus manos una contra la otra, retorciéndolas, en señal de vergüenza.

"Y ya no tengo que cumplir más con mis deberes," continuó ella. "Debí haberle dicho a Antonio que lo quería—que escogí en contra de lo que me decía el corazón, en contra de la verdad y la pasión. Le debí haber dicho que era él, que era él el padre de mi hijo mayor."

Dejé de escribir, levanté la cabeza y retrocedí en lo que había dicho.

"¡Espera! ¡Qué truco más estrafalario te ha jugado el destino!" exclamé. "¿Me estás diciendo que te dijo ella que eras tú el padre de su hijo mayor? ¿Y lo sabía tu hermano?"

"Creo que no, que él no lo sabía, Morisco," me explicó, "pero con una mujer, uno nunca sabe esas cosas con certeza. Ella pensaba que se lo estaba confesando a mi hermano. Yo no sabía que tenía un hijo hasta ese momento, ¡y qué sacudida me provocó! Isabel pasó una semana conmigo en Madrid, sólo una semana, y no la había vuelto a ver."

"Sí," dijo ella con más confianza. "Antonio y yo disfrutamos de la intima expresión del amor mutuo cuando me visitó en Madrid. ¡Fue intensamente apasionado! Enfrentó tres toros en Las Ventas y me dedicó el *Miura*, delante de todo el mundo, como una declaración pública de su amor por mí. Un acto de amor tan espléndido que es digno de recordar, un regalo especial que nadie más, excepto el matador más agraciado, podría ofrecer. ¡Le quería!"

"¿Y nunca se lo dijiste?" preguntó Antonio.

"Mi mente orgullosa no me hubiese dejado. Me casé con el hombre equivocado," contestó ella con más lágrimas en sus ojos. "¡Eres débil, no tienes cojones!" dijo, "¡Siempre escondiéndote tras tus libros! Nunca podrás entender la injusticia que es amar tanto a alguien, y por el deber que imponen los votos sagrados, no ser capaz de expresarlo ni compartirlo."

"Claro que lo entiendo," dijo él.

"Pero ahora," continuó ella, "como has dejado sin efecto los votos sagrados, al cometer adulterio con Verónica, no estoy atada a ti, y vuelvo a ser dueña de mis deberes maritales. Quiero el divorcio. Si pudiera dejarte por Antonio y casarme con él lo haría, pero está muerto."

Secó su rostro y se levantó para irse.

"Quiero un hombre que viva, no un cobarde que piensa, que imagina y que se limita a hablar de las cosas que quiere hacer o los lugares a los que le gustaría ir. ¡Quiero pasión! ¡Quiero un corazón latiente y una sangre ardiente!"

"¡Isabel!" dijo él, "¡Yo soy ese hombre! ¡Yo vivo! ¡Mi corazón arde y late por ti! ¡Desde la primera vez que sentí tu piel!"

"¡No!" le rebatió ella. "¡Me hiciste creer que me entendías para apaciguarme! Me prometiste que me amarías por encima de la razón, me juraste que enfrentarías a un toro por mí, para probar tu amor. ¿Pero qué has hecho? ¿Qué has hecho? Trajiste a una zorra. Es joven y hermosa pero sigue siendo una zorra."

"Pongo a Dios por testigo," afirmó Antonio, "nunca te he sido infiel."

"Y por esa mentira serás juzgado por Onan," pronunció en lengua gitana, con malicia. "¡Verónica me lo ha probado! Pero a mí no me traerá consecuencias. He encontrado a otro, un matador, un hombre que me quiere y que reclamará el premio que has rechazado, con agradecimiento. Su nombre es Romero Rodríguez Sánchez, y me casaré con él."

"¿Romero Rodríguez Sánchez?" exclamó. "¡Le conozco! Es bien parecido, pero como torero, es torpe e ingenuo, le falta estilo y no goza del respeto de la audiencia. Es un hombre serio y no le falta severidad, pero es un torero pésimo."

"Eso no importa," insistió ella. "Es un torero. Y cualquier hombre que pelee, que lo arriesgue todo, no importa cuanta falta de habilidades tenga, es mejor hombre que el que no se lanza ni si quiera a la pelea."

"¿Le amas? Pregunté yo," dijo Antonio, "porque sabía lo que quería su corazón."

"No importa," le contestó ella. "Sé que es un hombre bueno, él vive la vida, y eso es lo que siempre he querido. Nunca será Antonio, pero se parece más de lo que tú nunca te podrás parecer."

"Si es lo que quieres," insistió él, "¡enfrentaré a un toro por ti! ¡Enfrentaré seis toros! ¡Mañana si quieres!"

"No eres capaz de enfrentar ni dos toros," dijo ella. "En la primera corrida podrías salir victorioso, pero morirás en la arena antes de que termine la tarde. ¡Recuerda, tengo sangre de gitana!"

"Atendí su condena, estaba desesperado," dijo. "Hubiese dicho u ofrendado todo porque se quedara. La miré directo a los ojos ansiando que recordara la semana que pasamos juntos"

"¡Pero hemos hecho el amor de manera tan apasionada!" dijo él. "¿Lo recuerdas?"

"¿Recordar?" suspiró ella. "¿Recordar cómo haces el amor? Nada ha sido digno después de haber estado en brazos de Antonio. Ningún hombre podrá satisfacerme después de él. Es como comparar una ducha con una inundación. Nunca has enfrentado a un toro, aunque eres capaz de enfrentar al menos a uno. Pero como has escogido una vida que está fuera de tu naturaleza, no puedes apreciar tu verdadera esencia."

"Intenté tomarla en mis brazos," me dijo, "le dije, 'por favor quédate conmigo, y déjame enseñarte cuan apasionado puedo ser. ¡Hagamos el amor!'"

"¿Apasionado?" recriminó ella. "¡Por favor! ¡Nunca has sido apasionado! Me he dado cuenta de que la razón por la que eres tan aburrido en la cama es porque no tienes un toro dentro de ti, y eso explica porque nunca me has amado como un toro, a diferencia de Antonio. Una vida llena de pasión ha sido sólo un sueño para mí, pero he despertado de esa fantasía. Es posible que Romero, un matador inconsecuente, me pueda dar un poco de pasión un poco de excitación que me haga sobrevivir hasta que sea una vieja buena para nada. ¡Mi lastimosa vida ha terminado!"

"Pero Isabel siempre ha tenido facilidad para el drama," me dijo Antonio. "Se quedó hay parada, llorando, luego llamó a los sirvientes para que trajeran a los niños. Bajé mi cabeza en tristeza, entendiendo que la perdía una segunda vez. ¡La situación era imposible! Reservarle la verdad era una traición, pero confesarla sería una mayor infidelidad. Y una vez más, mi corazón se quebraba de un estallido. Y no pude hacer más, que alzar mi mirada a los cielos y sin sueño de felicidad, preguntar '¿Por Qué?'¡Pues ciertamente, tan cruel destino no me atormentaría sin motivo! '¿Qué Significa Todo Esto?' Y tristemente, cuando me volví hacia ella, ya se había ido. Me encontraba sólo otra vez."

"¿Y qué pasó con Verónica?" le pregunté. "Isabel te contó que Verónica estaba en la habitación."

"Ah sí," dijo él. "¡Verónica! Casi me olvido. Sí, estaba allí, pero no estaba enamorada de mí. Ella amaba a Fernando, que era su profesor. No quería un matador. Quería a alguien intelectual, un aburrido pensador. Luego de que Isabel y los niños se hubieran ido, salió de la habitación con timidez, asustada de que estuviera enfadado con ella."

"Verónica—" dudé en voz alta. "¿Cómo era? ¿Era bonita?"

"Sí, era obvio que lo que corría por sus venas era sangre azul, sangre noble. Era ciertamente muy hermosa. De hecho, me sorprendí al ver que era la misma hermosa chica que se levantó delante de la clase para compartir con todos las cosas que le había enseñado Fernando—la misma que hizo la comparación entre las corridas de toros y la relación de amantes entre una mujer y un hombre."

"¡Qué ironía!" suspiré. "¿Era la misma chica la que estaba en su casa? ¿Y pensó que eras Fernando cuando te vio? ¿Cuándo fuiste a clase, percibiste algún romance clandestino entre la chica y tu hermano?"

"Para nada," dijo él. "Y por eso es que supe que le había mentido a Isabel o, a lo mejor por necesidad, Isabel aceptó lo que le era más conveniente creer, sin ni si quiera razonar, con tal de que le proporcionara una vía de escape, para no tener que seguir casada con un hombre que no quería. Estoy seguro de que Verónica adoraba a Fernando, pero no llevaban ningún romance."

"¿Y qué pasó después?" le pregunté.

"Caminó hacia mí lentamente, cautelosa, estudiando mis reacciones," dijo él, "como una astuta criatura. Primero bajó su cabeza y me dijo cuanta pena sentía por lo de mi hermano. En ese momento me di cuenta de que me estaba probando a ver si estaba enfadado con ella. Por su puesto no le di lo que ella quería. En lugar de eso utilicé mi dolor para esconder lo que sentía, no el pesar que me provocaba la muerte de Fernando, sino la angustia por la pérdida de Isabel."

"Me siento muy apenada porque tu esposa te haya abandonado y traicionado en este momento de tristeza y congoja," dijo ella. "Pero me parece obvio que no estaba enamorada de ti de todos modos. Me lo dijo muchas veces antes de que llegaras. Dijo que siempre estuvo enamorada de su Antonio, y que cuando él murió, se dio cuenta de que la vida contigo era toda mentira, y que tú, sólo un gemelo, sólo una copia de Antonio, habías convertido el matrimonio en una pantomima del verdadero amor."

"¿Y cuál es la tarea del verdadero amor?" preguntó él. "¿en tus propias palabras?"

"Lealtad," contestó. "Después de todo, ¿qué es el amor si existe una división, una separación? El amor todo lo cree. No pregunta, no duda. El amor no se va cuando la temperatura y la pasión se enfrían. Tu Isabel era una mujer buena y decente, pero, sin entender lo que significa la lealtad, nunca fue una buena esposa. Nunca debió casarse contigo. Nunca llegó a apreciar el hombre que eres, no como lo he hecho yo. Yo te quiero Fernando, con todo mi corazón. Para mi ese es el deber del verdadero amor."

"Estando ella ahí parada, acariciando con la palma de su mano, suave y consoladora, mi rostro" dijo él, "entendí inmediatamente la exquisitez de la joven que tenía delante. Era delicada en cada aspecto. Sus pequeños labios, sin maquillaje y temblorosos, tenían un color rosado suave y lucían tan tentadores que podían competir en belleza con cualquier obra de Goya. Sus ojos tenían algo que los hacía parecer a los de un ángel. Sus hombros, cintura y caderas en conjunto creaban una pequeña figura curvilínea, sus extremidades jóvenes y delgadas. Sí, era preciosa, pero de una forma inocente, no-sexual, no tenía el mismo tipo de belleza que Isabel. Es como comparar una mariposa a una paloma."

"Sí," explicó ella, "le confesé mi amor por ti a Isabel, y me puedes odiar por ello, pero es la verdad. ¡Isabel no te merece!"

"¿Le mentiste?" le reclamó él. "¿Le dijiste que manteníamos un romance cuando ambos sabemos que no es cierto?"

"No le mentí, pero sí la engañé," admitió Verónica, "Isabel se engañó a sí misma. Le dejé que creyera lo que ella, en el fondo de su corazón, quería creer. Es verdad que el corazón es engañoso, sobre todas las cosas y le juega trastadas a una: ¿quién puede ser tan afortunado de conocer a su propio corazón? Sí, Isabel me rogó que le dijera, y yo no lo negué, tampoco le confirmé nunca sus insensatas y oportunas sospechas. Nunca te quiso. Ha estado siempre enamorada de Antonio, toda su vida. El amor es más fuerte que la muerte."

"Me han roto el corazón," dijo desesperado. "Amo a Isabel más que a la vida misma. No sé si tengo voluntad suficiente para vivir sin ella. Estoy perdido. No encuentro mi camino."

"Aquí estoy para enseñarte el camino," le intentó reconfortar tomando su mano. "Con todo el amor que Isabel sentía por Antonio, tu hermano, te puedo decir que yo te quiero mucho y más, Fernando. Te he querido toda mi vida, desde que era una inocente chavalilla hasta la madurez que ha tomado mi corazón de mujer. Me has dicho muchas veces que el corazón infeliz de Isabel la había vuelto cruel hacia ti y te había hecho miserable, y que tu descontento te hacía entender la importancia y el significado del verdadero amor. Dijiste que, en cuanto se te presentara una oportunidad, descubrirías un amor más profundo que el perdurable amor que sienten Isabel y Antonio. Tomaste mi mano y me dijiste que acogerías ese profundo sentimiento. Vine aquí pensando que era una insinuación, y le dije a la infeliz Isabel que te quiero, que albergo para ti un amor muy grande. Pero es que pensaba que era lo que querías."

"¿Y qué hacemos ahora?" preguntó él.

"¡Ámame! Por favor, ámame. Es todo lo que te pido. Nunca intentaré ser sustituta de Isabel. Sólo seré la mejor Verónica que puedo ser, y te querré como ninguna chica te ha podido querer, hasta mi último aliento."

"Sus brazos me rodeaban el cuello y sollozaba con lamento," me contó, "desesperada por encontrar mi aceptación."

"¡Por favor!" me susurró. "¡Lo he dado todo por estar contigo, he dejado a mis amigos y familia! Mis padres siempre han tenido esperanza en que me casaría con el segundo hijo de la Duquesa de Alba, que está loco por que sea su esposa. Pero yo te quiero a ti, Fernando, nunca podría comprometer mi corazón cuando la pasión no está presente. Nunca podría serle falsa al amor. La vida que había conocido se ha sumido en la oscuridad, me he convertido en una mariposa nocturna que revolotea frenéticamente bajo un cielo sin luna ni estrellas. Eres la llama que busco. Puedes quemar mis alas si eres cruel, pero eres lo único que veo, eres hacia donde vuelo."

"En ese momento," me dijo, "no sabía ya qué pensar. Esta hermosa joven lloraba colgada de mi cuello. Creía, de todo corazón, que estaba enamorada de mí, pero yo nunca podría ser el hombre que ella quería, por más que quisiera. Me sentí atrapado en las garras de un fraude que no me permitía salir. No había para nosotros ninguna esperanza de un final feliz en esta tela de araña.

"Lo vi claramente: Isabel siempre amaría a Antonio," explicó el señor, "que para todo propósito estaba muerto. Y Romero, el pobrecito hombre que se casaría con ella, será un alma desdichada cuando se dé cuenta al fin. Aun así, sin saberlo, Isabel rechazó al hombre que amaba, un hombre que escondía un secreto doloroso, un hombre que había hecho un juramento, y que se quedó sin hacer nada mientras le rompían el corazón otra vez—Isabel me dejó por una tontería, un compromiso."

"¿Y qué pasó con Verónica?" le pregunté.

"Verónica pensaba que estaba enamorada, pero era sólo una impresión," añadió él, "creía que estaba enamorada de un hombre que pensaba que conocía. El hombre que creía amar estaba muerto, y en su lugar sólo había engaño, una copia, que no podía ser recíproco a ese amor."

"¿Y tú?" pregunté.

"Yo estaba peor que todos," suspiró, "vivo y muerto al mismo tiempo, mi corazón herido, afligido. Ansiaba una bebida alcohólica que sólo haría más podía profunda mi sed y mi miseria. Isabel se había vuelto a ir."

"¿Y qué pasó con Verónica," insistí, "cuando Isabel se había ido?"

"Hazme el amor," dijo Verónica. "Ambos nos sentiremos mejor haciendo el amor. Me necesitas, y yo te necesito a ti. Nuestros caminos se vuelven uno hoy.

"Su delgada mano subió por mi muslo," dijo él, "encontró su sitio y agarró firmemente, con sus dedos envolventes. Inclinada hacia mí, muy cerca, agarraba y movía la mano de arriba abajo y me dijo 'Mi boca puede tocar una música más dulce que la que toca mi mano, tengo mucha práctica con este instrumento."

Bajó su cabeza y la movió de lado a lado al recordar ese momento.

"Por poco sucumbía," admitió. "Después de todo, estaba muy triste por haber perdido nuevamente a Isabel, sabiendo que estaba enamorada de mí ambas veces. En aquella ocasión y en ésta, su mente había traicionado a su corazón. El tentador señuelo de Verónica era ciertamente apetitoso, imposible de resistir, pero sólo podía pensar en Isabel y en la esperanza de que eventualmente se diera cuenta del fraude y de que el hombre que dejó por segunda vez era yo, su amor, Antonio."

"¿Y Verónica?" pregunté.

"Le rogué que me diera tiempo para curar mi herida y aliviar mi dolor," contestó. "Dormí junto a ella esa noche, aunque no me consentí a mí mismo ni a ella los placeres de la cama. Debo admitir, sin embargo, que fue maravilloso tener nuevamente cerca un cuerpo que me calentara, en esa situación tan vulnerable en la que me encontraba, entre el sueño y la vigilia, la luz y la oscuridad, la vida y la muerte."

Continuaba escribiendo mientras hablábamos, sin certeza sobre si debía interrumpir para hacer las preguntas que surgían en mi mente gracias a la estimulación del vino.

"¿Entonces, te ayudó ella a tomar el lugar de tu hermano?" pregunté yo. "¿Fuiste capaz de engañar a tus colegas universitarios y a tus estudiantes?"

"Como Verónica me ayudaba," asintió, "como se daba cuenta de que el dolor que sentía yo era real, no se dio cuenta de que no tenía ni idea de cómo proceder o de cómo empezar a dar las clases de Fernando en la Universidad. Se prestó para ser mi asistente así que, básicamente, enseñó ella las clases del modo en que las enseñaría Fernando, mientras me convertía en un callado estudiante."

"¿Era buena como profesora?" me preguntaba.

"¡La mejor de todas!" insistió. "Verónica sacó el mejor provecho de las clases de Fernando. De hecho, ella era la estudiante más favorecida de todos los que tuvo durante su carrera. Enseñó el arte del toreo con una pasión que, comparada a la de cualquier matador, no tenía rival. Inspiraba a los estudiantes, y les suponía un reto a sus habilidades. Logró tener un gran efecto en su forma de pensar y en la mía también y logró cambiarla. Y ya en casa, seguía dándome lecciones."

"¡Qué increíble," pensé, y dije, "pasar tanto tiempo con ella! ¡Y era bella! ¿Seguías durmiendo en la cama de tu hermano con ella, bajo la apariencia de Fernando?"

"Sí, lo hacía," admitió él. "Y con cada noche que pasaba nuestros cuerpos se acostumbraban más y más a los movimientos del otro y a sus patrones de sueño, hasta nuestras respiraciones se sincronizaron. Cada noche era como tener un baile con ella, un bolero entre suaves sabanas, algunas veces conscientemente y otras por puro instinto sexual."

"Parece que había pasión entre ambos," comenté.

"¡Eventualmente tenías que haberle hecho el amor! ¿No?"

"Déjame terminar," interrumpió. "Había pasión, sí, pero mi mente estaba muy distraída pensando en Isabel, quería tenerla por fin en mis brazos. Envidiaba la vida de Fernando, aunque yo la estuviera viviendo, como esclavo del destino: haberse casado con Isabel, tenerla como esposa en la cama; y que esté enamorada de ti y durmiendo en tu cama Verónica, la mujer más inteligente, considerada y productiva que he conocido."

Tomó una pausa, miró hacia otro lado, para ocultar de mí alguna clase de arrepentimiento.

"Comprendí que no podía hacerle el amor," me dijo. "Imaginaba tener a Isabel en mi cama, labrando su mojado sexo y su calidez femenina, una y otra vez, noche, ocaso y mañana. Mi obsesión crecía a su alrededor, hasta finalmente enviar en secreto a un intimo amigo mío y de mi hermano a Madrid, a averiguar por mí noticias de Isabel. Para saber de ella. Las noticias que trajo, me desgarraron el corazón y atravesaron como taladro a mi espíritu. Quebró mi esperanza. Finalmente acepté la identidad que había resistido desde la muerte de Fernando. Me cambio de tal forma que, finalmente, me transformé en mi hermano. Te puedo decir que me convertí en Fernando aquel día."

La curiosidad ya había hecho que olvidara mis modales así que le vuelvo a cortar la conversación.

"¿Y qué te contó tu amigo?" le pregunté.

"Me dijo que Isabel se había casado con Romero Rodríguez Sánchez y que entre ella, sus dos hijos y él habían formado una familia," dijo. "Me contó que Isabel parecía estar contenta al fin. Que le contó que su amor por Romero la había transformado, 'la había hecho deshacerse de su lástima por Fernando, el adúltero, y que ya no volvería a nombrar ni a Fernando ni a su gemelo.' ¡Isabel no volvería a decir mi nombre!"

"Y esas noticias te dejaron devastado ¿no?" le pregunté.

"Esa misma noche mi corazón y mis brazos buscaron consuelo en el cuerpo de Verónica," admitió. "Existía tal tensión sexual entre nosotros que, como el agua de un río violento, la pasión se desbordó de su cauce, haciendo temblar todo a su alrededor. Por primera vez, besé sus suaves y nerviosos labios, saboreé por un rato la esencia de su boca abierta, que se rendía ante mí tan cálidamente. Mis manos se deslizaron por sus hombros, bajando hasta su espalda y continuaron hasta su *derrière*, firme y bien formado, que agarré y apreté para juntar fuertemente sus caderas a las mías.

"Gimió en voz alta al sentir la lanza y ni se resistió ni se replegó cuando la empujaba lentamente contra ella en repetidas ocasiones. Solamente se apretaba contra mí, cada vez más fuerte. Su respiración se volvía rápida, como un toro cuando resopla contra la arena, sus movimientos pélvicos eran contrarios a los míos y el baile dio comienzo. Jadeaba salvajemente, resoplando fuertemente, casi gruñendo, persuadiéndome a continuar con la siguiente maniobra con intensidad."

Se echó hacia atrás en su butaca, tomando un sorbo del oporto color rubí.

"Le he hecho el amor a cientos de mujeres," dijo, "es posible que a más de mil, así que conozco el cuerpo de una mujer, la flor, desde el pequeño brote hasta alcanzar su gloriosa plenitud. En el siguiente acto debía preparar sus sentidos y acostumbrarla al ritmo y la intensidad del proceso, transformándola de mujer a ninfa, a diosa. Con mis manos y mis dedos percibí gentilmente las compuertas. Y con mi boca y con mi lengua pude sentir el riachuelo que salía con ardor y logré amaestrar su intensidad y flujo. Mi lengua, una banderilla puesta en el lugar perfecto, la condujo al delirio, y por su boca salían expresiones provocativas, me decía cosas que no te puedo contar. Cuando estuvo lista, lo supe.

"Y finalmente, pasada toda aventura y mentira, la sangre y pasión, la sustancia y espíritu, el corazón y la mente, ambos, ella y yo alentamos la faena. Ansiaba que la preparara para la estocada. La conclusión del baile se manifestaba en el sumiso vigor de la oferta de su corazón. El amante sabe que una mujer tiene dos corazones: el que late y piensa dentro de su pecho, y el otro corazón que pulsa y desea con fervor y que se encuentra entre sus caderas. Hundí mi hierro en el segundo de sus corazones, una estocada profunda, conmovida con arte y poesía. Su pasión era inagotable, y sólo se comparaba a la mía. Su entrega fue una conquista inolvidable, pero en el momento de consumar el acto, no pude entregarle mi semilla, mi espíritu. Lo vertí en un espacio fuera de su corazón."

Recordando su descripción de la primera noche que pasó con Isabel, me sentí curioso. "¿Cuántas veces?" pregunté.

"Estaba fuera de práctica," se rió. "Sólo veinticinco veces, durante el curso del día."

"¿Y, al pasar el tiempo, te llegaste a enamorar de Verónica?" pregunté.

Se estremeció, incomodo con la memoria que le provocaba la pregunta.

"Muy arrepentido," admitió "te tengo que decir, que no, por más que yo quisiera. No la podía amar por dos razones. Primero porque Isabel siempre dominó mi corazón, sin dejarme lugar ni si quiera para un suspiro de otro amor. Me importaba mucho Verónica, conocía su corazón. Era una buena mujer—de hecho la mejor que he conocido, pero no fui capaz de quererla. Y eso me trae a la segunda razón y es que suponía la continuación del fraude. Podía sentir su amor, era honesto y sincero, pero yo no era el hombre que ella creía que era. Yo era menos que un hombre. Me convertí en Fernando, pero no llegaba a ser el hombre que ella creció amando, un hombre que era más que Fernando y más que yo. Sabía que no iba a terminar bien, pero por un tiempo, me trajo algo que yo necesitaba, y yo hice lo mismo por ella."

"¿Fuisteis amantes? ¿Por cuánto tiempo?" le pregunté.

"Tres años," asintió con la cabeza. "Íbamos juntos a la facultad. Ella era la profesora y yo el estudiante. Cuando salíamos íbamos al mercado, cocinábamos y disfrutábamos de una cena juntos. Cada noche debatíamos los significados del sacrificio y el sentido de la vida, el verdadero arte, la verdadera esencia de las corridas de toros. Y, con el paso del tiempo, yo me convertí en profesor y Verónica en estudiante, y no porque yo fuera más inteligente, sino porque yo entendía el arte del toreo en la práctica, dentro del ruedo, el asunto del corazón. Y con ella aprendí los asuntos de la mente, el lado espiritual, intelectual y antropológico de las corridas de toro. Y al fin estuve completo."

"Ah, ya veo," dije. "¿Y con todo el tiempo que pasaron juntos, se llegó Verónica a enamorar de ti?"

"Estaba enamorada de Fernando," dijo encogiéndose de hombros. "Pero nunca lo llegó a conocer, no en la forma en que me llegó a conocer a mí. Pero sí, yo sabía que estaba enamorada de mí, el hombre que aprendió a conocer, el hombre que llenaba su vacío cada día. Sólo que ella creía que estaba enamorada de mi hermano."

Regresé algunas páginas atrás en mis notas, recordando una línea que ya había escrito.

"Algo no me cuadra," me atreví a decir. "¿No te había dicho Verónica que nunca podría ser falsa en el amor? Y por tres años ¿el romance que tuvisteis fue todo un fraude? Dijiste que era inteligente. ¿Nunca se dio cuenta?"

Arrepentido, avergonzado, bajó su cabeza.

"Lo hizo," admitió. "La clave de su descubrimiento fue el hecho de que me negara a darle mi espíritu luego de sacar la espada. Siempre derramé mi semilla en tierra, lejos de su corazón, y lejos de las cintas. Y por ello, eventualmente sentí el cuerno."

"¿Por qué?" pregunté. "¿Qué razón tenías para no darle tu semilla?"

"Como para ella yo era Fernando," contestó él, "y cualquier hijo que surgiera de nuestra relación sería hijo de Fernando y no mío, sería un fraude desde el nacimiento. La mentira continuaría por otra generación. ¡Como si las cosas no estuviesen ya bastante complicadas! Y con un niño Verónica se querría casar conmigo."

"¿Y por qué no?" le pregunté, "¿Por qué no, si ya habías tomado la vida de tu hermano por completo?"

"Desde el momento en que toqué la mano de Isabel," recordó, "y desde la primera ocasión en que sentí su calor, su energía—tengo que admitir, fui separado para ella, como un selectivo picaflor, que escoge una sola orquídea de todo el follaje, una orquídea que Dios creó para él. Nunca podría entregarme completamente a Verónica mientras existiera en mí la esperanza de que algún día tendría a Isabel en mis brazos otra vez. Mientras el sol estuviese en el cielo, aún existía para mí esperanza. Era apenas medio día."

El señor Castañeda de Castilla tomó una pausa para secar una lágrima persistente que colgaba del borde de su ojo, sólo para sentir como era reemplazada por otra, aun más grande.

"El destino me ha llevado a tomar la vida de mi hermano y abandonar la mía, pero ninguna fuerza, terrenal o divina, ningún espíritu ni mortal, serían capaces de sacar a Isabel de mi corazón."

Sentido por su inintencionada muestra de emociones, tuve que tomar una pausa antes de continuar con la siguiente pregunta.

"Me siento mal por Verónica," dije. "Por lo que me cuentas las cosas no fueron justas para ella. La dejaste enamorarse de ti aun cuando sabías que nunca podrías corresponder. Eso ha sido muy cruel de tu parte. ¿Por qué no le dijiste? De todas las personas, Verónica hubiese entendido."

"Recuerda—había hecho un juramento a Fernando, mientras su espíritu dejaba su cuerpo," suspiró el señor Antonio. "Me lo hizo jurar por su alma y por el alma de nuestro difunto padre. ¿Qué podía hacer?"

"Bueno, si no podías decirle que eras Antonio," me atreví a decir, "entonces ¿por qué no le dijiste que no podrías amarla?"

"Morisco, debes entender que yo intenté querer a Verónica. Intenté hacerla feliz," dijo. "Cuando Isabel me dejó, pensé que podría vivir una vida bajo la luz de la luna, como hacen muchos. Pero cuando escuché que se había casado con Romero Sánchez y sé que había olvidado mi nombre, creí que el calor y la luz de Verónica podrían llenar el hueco en mi corazón, podría iluminar mi cielo. Intenté querer a Verónica. Una vez, hasta le dije que la quería, pero fueron palabras vacías, sin peso. Justo en ese momento, cuando se lo dije, comenzó a sospechar del fraude."

Tomó un sorbo de la copa.

"Ya llevábamos casi tres años juntos," dijo. "Hacía más o menos un año, el dulzor y la calidez de su voz se había vuelto agria y fría, también sus palabras y su temperamento. Ella quería tener hijos, y cada vez que echaba mi semilla fuera de su corazón, cada vez que me negaba a llenar su fértil cuerpo con mi espíritu, el resentimiento crecía en ella."

Su cara arrugada daba muestras de la desesperación que debió sentir.

"Constantemente me preguntaba '¿por qué?'" dijo él. "¿Por qué no le daría mi espíritu? Lloraba y se odiaba a sí misma porque pensaba que no merecía tener hijos, que no merecía el amor ni el matrimonio. Yo intentaba tranquilizarla, pero mis palabras no servían de nada si no le demostraba mi amor con acciones. En una ocasión, intentó liberarse de su corazón roto cortando sus venas en la bañera. Por casualidad, la vi a tiempo y la saqué del espantoso mar de sangre y miseria en el que se encontraba.

"Cuando se recuperó de sus heridas autoinfligidas, nunca volvió a ser la misma de antes," dijo él. "Me miraba, estudiaba mis conductas, analizaba todo lo que yo decía, con tal de descubrir si traicionaría mi corazón y mi juramento."

"¿Por qué me dijiste hace tres años," preguntó Verónica un día, "que no amabas a Isabel, y que nunca la habías amado? Y ahora languideces por ella, como su nunca me lo hubieses dicho. Se te doblan las rodillas, te derrites y casi caes al suelo cada vez que escuchas su nombre. ¿Por qué me dijiste hace tres años que me amabas a mí y no a ella? ¡Me juraste que me amabas! Y deje mi vida por ti. ¡Hijo de puta!"

"Y eso fue sólo el comienzo," dijo él.

"¿Piensas que soy la misma chica tonta que engañaste hace tres años?" dijo con mofa. "¿Crees que aún no me he dado cuenta? Aquel día, en clase, cuando escribiste con la mano derecha ¿crees que no me acuerdo de eso? El vino que compartíamos, la poesía, las promesas de aventura, el mismo contenido de los libros que has escrito te parecía ajeno. Cuando, antes de todo eso, me decías que me amabas, de verdad lo sentías..."

"Se acercó a mí," dijo él. "Era una bestia, una criatura ágil, un serio, que se postraba en la entrada del ruedo, para que no tuviese por donde escapar, su comportamiento presagiaba peligro."

"Sí que lo sentías..." insistió ella, "¡cuando eras Fernando!"

"¡No!" protestó él. "¡Yo soy Fernando!"

"¡No me sigas mintiendo!" lo amenazó. "No sé cómo ni por qué pasó, pero de algún modo no fue Antonio Castañeda de Castilla el que murió en la plaza, enfrentando a Muerte, hace tres años. Fue Fernando, su hermano, ¡y tú eres un impostor! ¡Eres Antonio!"

"Intenté echarla hacia atrás y esquivarla, mientras se acercaba," me contó él. "Pero se volvió implacable en su persecución."

"¿Por qué no me has dicho la verdad? ¡Me has hecho desperdiciar tres años de mi vida!" me gritó, embistiendo, arañándome la cara con sus uñas. "Cuando era una niña podía creerte, pero ya soy una mujer. ¡Pagarás por tu mentira!"

"En el siguiente pase," dijo él, "me atacó de nuevo, pero yo, con capa y muleta, la dirigí, agarré su muñeca y giré tras de ella, haciéndole tropezar y caer al suelo."

"¡Pero tú también has mentido, Verónica!" le gritó él. "¡Estabas en la habitación cuando llegué porque le habías mentido a Isabel! Le dijiste que manteníamos un romance, una mentira, un ultraje a Fernando. ¡Y él era inocente! Tu mentira es la razón por la que ella se fue, ¡la razón por la que no está conmigo ahora! Eres una víctima de tu propia traición."

"¡Si no hubiese estado yo aquí le habrías mentido a Isabel!" dijo ella jadeando. "Todos los hombres son unos ilusos. ¿Crees que mintiendo es la forma de llegar al corazón de una mujer? ¿Sabías que es imposible engañar al corazón de una mujer cuando de amor se trata? ¡Si Isabel te amara, te habría reconocido! Pero date cuenta: ¡ella no te quería! Me mentiste y usaste mi cuerpo por tres años, y ahora tienes que pagar, con dolor y sangre. ¡Te odio!"

"Yo pensaba que la conocía," dijo él. "Pero no calculé bien el peligro de una mujer menospreciada. No llegué a ver la puntilla escondida, el cuchillo curvo en su mano, hasta el momento en el que lo enterró en mi cuerpo, bajo mis costillas, en el lado izquierdo, justo en donde Fernando sufrió la cornada. Espantado, miré hacia abajo mientras el cuchillo salía y la sangre comenzaba a fluir. Intentó llegar a mi corazón, pero falló."

"¡Muere, Antonio!" dijo entre dientes. "¡Muere! ¡Bastardo egoísta! ¡Fernando era mejor hombre que tú! Él me quería. ¡Amaba mi corazón, un corazón que destrozaste con tus engaños! ¡Me heriste más allá de lo que tiene cura, y ahora te he herido yo a ti! ¡Estoy avergonzada de ti! Antonio, cuando veas a tu hermano al otro lado, tendrás que dar la cara por tu insensibilidad, por haberme usado. ¡Te amo y te odio! ¡El amor, es el deporte más cruel de todos!"

"Me dejó ahí, a morir," dijo él. "Y si no hubiese sido por el jardinero, que vio a Verónica irse con el cuchillo lleno de sangre en su mano, hubiese muerto esa tarde y tú no estarías aquí bebiendo estos vinos tan extraordinarios."

Dejé de escribir, asombrado por su falta de preocupación al compartir conmigo ese doloroso recuerdo.

"¿Fuiste al hospital?" le pregunté.

"Estuve en el hospital por treintainueve días," contestó. "Mi pulmón izquierdo colapsó y perdí tanta sangre que los médicos pensaban que no sobreviviría. Me enviaron a una habitación, corrieron la cortina y enviaron a un sacerdote a rezar por mí. Pero aún no había llegado mi hora. El ángel de la muerte lo sabía, y fue enviado a otro lugar. Y fue cuando me di cuenta de la razón por la que no había muerto. ¿Sabes? Mi corazón es diferente, único. Como soy una imagen en el espejo de mi hermano, creado a la inversa, mi corazón está a la derecha y no a la izquierda, como estaba predestinado. Verónica hincó su cuchillo en el lugar indicado, pero falló porque no conocía el lugar en donde queda mi corazón."

"¿A la derecha? ¡Qué increíble!" interrumpí. ¿Pero Verónica, fue arrestada por intentar asesinarte?"

"No," me contó. "Le pagué al jardinero para que permaneciera en silencio, mientras yo le conté a la policía que unos ladrones habían entrado en mi casa y me habían clavado el cuchillo cuando intentaba detenerlos." Tomó aire y suspiró. "Verónica se fue a Madrid para reparar la relación con su familia. Aunque no habíamos hablado, sabíamos que teníamos un acuerdo. Ella no hablaría sobre mi fraude y yo no diría nada sobre su intento de asesinato."

Abrió su camisa, poniendo al descubierto un pecho musculoso, lleno de pelo gris, se apoyó a un lado y me enseño la cicatriz.

"Todo lo que me recordaba mi vida con Verónica era únicamente la cicatriz que aún llevo, la única vez que me han malherido."

"¿Te arrepentiste de no haberle dicho la verdad desde el principio? Luego de saber cómo terminaron las cosas," pregunté. "Si tuvieras que vivirlo nuevamente, ¿se lo dirías?"

"No, no se lo diría," me explicó. "No me arrepiento de nada de lo que he hecho en mi vida. He pasado por circunstancias desafortunadas y por algunas que me han causado dolor, pero han sido lecciones necesarias, si se vive lo suficiente como para aprender de ellas y sacarles provecho. Esta cicatriz es sólo el recuerdo físico de una lección aprendida. Al final, Verónica me dio lo que yo necesitaba para moverme a la siguiente etapa de mi vida y creo que yo le di lo mismo a ella. La vida de un hombre es muy corta como para vivirla con rencor. Todo pasa por una razón."

"Estoy de acuerdo. Y cuando te recuperaste de la herida ¿regresaste a dar clases?" pregunté.

"Sí," contestó él. "Para ese entonces había aprendido a amar el arte de la enseñanza. Estaba mucho más cómodo siendo Fernando, aun cuando ya había mezclado nuestras personalidades. Al haberme convertido en una persona más completa, creo que llegué a ser mejor profesor de lo que fue él. Sus estudiantes se convirtieron en mis estudiantes, sus colegas mis colegas, y todos me querían. Por su puesto, me encontraba sólo, así que llenaba mi tiempo leyendo, estudiando, educándome sobre política mundial, literatura hispánica e inglesa, ciencias, lenguas y filosofía. Hasta escribí un libro sobre el toreo, que incluyó un capítulo sobre la legendaria corrida entre Muerte y Antonio Castañeda de Castilla."

"Quizás fue un año después," continuó, "cuando un noble español, estando de paso por Sevilla, me contó que Verónica había contraído matrimonio con el millonario hijo de la Duquesa de Alba. Me dijo que se había convertido en una mujer de sociedad, distinguida y elegante. Eran noticias placenteras ya que sólo quería lo mejor para ella. Aun así, había días que la extrañaba. Anhelaba escuchar su voz aguda, oler su aliento, dulce y familiar en la mañana, sus caricias suaves al pasar junto a mí en el pasillo por las tardes, el latido de su corazón tan cerca del mío en las noches. Y a veces me preguntaba si ella me extrañaría a mí."

"Luego de dos años Isabel me escribió para decirme que se moría por traer a los niños a Sevilla para que me visitaran," suspiró. "Como debes suponer, le dije que sí sin rechistar, ansioso por volverla a ver. ¡Habían pasado seis años! Aun así parecía un adolescente. Mi imaginación corría, emociones a flor de piel, en conflicto interno conmigo mismo. Compré ropa nueva, hice que limpiaran la casa y traje flores de azafrán, recién cortadas, desde la Mancha, porque sabía que le gustaba la esencia delicada que emanaba el azafrán bajo el sol de primavera. Todo eso estaba escrito en el diario de mi hermano. Que había dedicado extensas páginas a tomar anotaciones sobre su vida con ella."

"También hice planes para los niños," dijo. "Arreglé una visita a la Torre del Oro, y luego una excursión a la Maestranza, para un recorrido privado por la exposición. Al mayor de los dos lo llamaban como a mi padre, Joselito, y el más joven como su padre, Fernandito. ¿Recuerdas que Isabel me dijo, o le dijo a Fernando, antes de irse, que Joselito era mi hijo, el hijo de Antonio? Pero ¿cómo podía creerle? Estaba enfadada cuando lo dijo, y cuando las mujeres se enfadan dicen mentiras para herir. Así que no lo di por sentado.

"Llegaron un día lluvioso, a finales de mayo, un día en el que parecía que el cielo se rompía, y caía en trozos líquidos a la tierra. El viento soplaba fuerte, de repente un sonido de explosión, un trueno y un relámpago, destellaron en el cielo, volviéndolo completamente blanco. Un taxi los trajo a casa poco antes de medio día, y cuando entraron sus ropas estaban ya empapadas.

Los niños se cambiaron y se sentaron cerca de la chimenea para calentarse, mientras Isabel subió a tomar un baño caliente." "¿Se dio cuenta? ¿Regresó para estar contigo?" tuve que preguntar, pero me ignoró.

"En cuanto llegaron me di cuenta de que sus maletas estaban rotas y viejas, las mismas con las que se fue de aquí hacía seis años. Los pantalones y camisas de los niños estaban desteñidos y desgastados, aunque se veían limpias y planchadas. Su pelo parecía despeinado y los manchados y torcidos dientes necesitaban los cuidados de un buen dentista. Ambos parecían haber olvidado que alguna vez esta casa fue su hogar o a lo mejor se habían acostumbrado a la precariedad que vivían en Madrid, porque prácticamente habían crecido allí, y se sentían incómodos con los sirvientes y los lujos. Entonces les ofrecí un poco de vino para hacerles sentir más cómodos.

"Creo que Joselito tenía doce años, a lo más trece, y Fernandito debía tener nueve o diez, no recuerdo bien. Me recordaban a mi hermano y a mí. El mayor era desafiante, y se negaba a ser intimidado por mí o por la casa. Su único interés parecía estar en la cantidad de fotos de toreros y corridas que colgaban del cuarto de trofeos. El más pequeño era reservado y tímido, y prefería leer un libro en silencio, junto al fuego."

"¿Te gustan mucho los toros?" le preguntó Antonio al mayor, que en ese momento inspeccionaba de cerca un foto de la corrida más grande.

"No sólo me gustan las corridas de toros, papá" contestó el niño de manera imprudente. "Soy un matador."

"Tuve que reír," me cuenta el señor, "pero no de forma burlona. ¿Un matador? ¡Pero eres muy joven!"

"Ya he matado ocho toros, pero mataré miles," insistió Joselito.

"¿Y dónde aprendiste a ser un matador?" le preguntó el señor.

"En la Escuela Taurina de Madrid," respondió el chico. "Es la mejor escuela de toreo en el mundo. Y cuando la gente me conozca, me convertiré en el mejor matador de la historia. Quisiera vivir y morir como mi aclamado tío, Antonio Castañeda de Castilla."

"Se me encogió el corazón al oír esas palabras," dijo el anciano, "aunque me tomó por sorpresa que Joselito me llamara papá. Cuando le miré a los ojos pude ver esa llama que ardía en mí a mis trece años, el hambre de gloria y de éxito, la misma insolencia, generada por la testosterona. Aunque Isabel nunca me lo hubiese dicho, yo mismo me hubiese dado cuenta de que ese niño, Joselito, era mi hijo."

"¿Era buena la escuela a la que iba?" pregunté.

"Una de las mejores," me aseguró el señor. "Pero se debe invertir mucha pasta para estar matriculado en ella. Así que le pregunté al niño quién pagaba por un entrenamiento tan caro, sabiendo que Romero Rodríguez Sánchez, el esposo de Isabel, era un pobre torero y no tenía el dinero para financiar la carrera del chico."

"Tengo un patrocinador desconocido," contestó Joselito, "pero mi madre me ha asegurado que eres tú, mi padre, haciendo de auspiciador. Me ha dicho que no has revelado la verdad porque no quieres humillar ni poner en desgracia pública a su esposo, un torero inferior, que no tiene dinero ni paciencia para inculcar ambición en un hijo que no es suyo."

"Por supuesto, este patrocinador anónimo era desconocido para mí," admitió el señor. "En todo este tiempo no había ni escuchado de Isabel, así que no sabía nada de los niños, ni sobre sus pasiones ni intereses. No me sorprendía que el mayor, Joselito, amara la tauromaquia, lo que sí me sorprendía era que se suponía que era yo el que pagaba por su entrenamiento. No tenía ni idea."

"¿No sabías quién era el patrocinador?" le pregunté. "¿Alguien lo sabía?"

"No. Nunca negué que fuera yo," contestó, "pero tampoco lo confirmé. Era un verdadero misterio."

Suspiró, y decidió continuar con la historia.

"Cuando Isabel terminó su baño," recuerdo sonriendo, "estaba preciosa, una flor, una fotografía de ella misma hacía seis años. Se negaba a saludarme dándome dos besos, como es costumbre aquí. Parecía más madura, se había ido su juventud. ¿Pero qué es la juventud? Tenía treintaidós tal vez, o treintaitrés a lo más. Llevaba una bata, por la que se vislumbraba de vez en cuando su figura cuando se movía y en mi cabeza logré reconstruir lo que había debajo. ¡Vaya! Isabel se había puesto más hermosa con la edad. La fruta había madurado y se veía opulenta. Le ofrecí un jerez y le pedimos a los niños que fueran a su habitación, y así tomamos nosotros el lugar que ocupaban ellos frente a la chimenea."

"Este lugar es muy acogedor. ¿Cuántas noches apasionadas hiciste el amor con Verónica, aquí, frente al fuego?" preguntó ella.

"Verónica se ha ido," contestó él. "Ya eso no importa."

"¡Verónica es una zorra!" dijo ella, y parecía deleitarse al decirlo. "Vivió aquí contigo, sin casarse, por tres años, como un putón. Pero en Madrid le dice a todo el mundo que era tu estudiante más dedicada y nada más, ¡como si fuera la más casta! Y al casarse con el segundo hijo de la Duquesa de Alba pretende estar honrando la sangre noble. También nos hace la vida imposible a tus hijos y a mí, allí en Madrid. Ha intentado, con todas sus fuerzas y con mucho dinero, humillarme y mofarse de mí, delante de las personas que tanto me ha costado ganar el respeto. Tengo el presentimiento de que ella hace imposible que Romero pueda subir de puesto, y por ella mi esposo no puede emerger y ganar protagonismo, así que sigue en la misma plaza, toreando, cuando ya ha pasado la flor de su vida."

"No la he visto, ni he hablado con ella, hace tres años," dijo él. "Las cosas que está haciendo no son culpa mía."

"Mientras hablábamos," continuó el señor, "me preguntaba si sospecharía del fraude, ya que Isabel era una mujer más que inteligente. Siempre había sido intuitiva. Pero en ese momento, al igual que la primera vez que se había ido, estaba dejando que la ira y la sangre caliente nublaran su pensamiento y la sabiduría de su corazón. La primera vez que estuve con ella, cuando eligió a Fernando, su mente dominó su corazón. El destino era mi maestro, y siempre buscaba la adversidad para dar forma a mi vida. ¡Yo estaba ahí, delante de ella! ¡Antonio, el hombre que ella amaba, y que la amaba como el mar a la orilla! Sentía que su corazón me buscaba, pero para ella yo era invisible."

"¡Ella está llevando una vida a base de mentiras!" comentó Isabel con desdeño. "¡Estaba enamorada de ti! ¡Vivió contigo por tres años! Cuéntamelo todo por favor, para que yo pueda destruir el engaño que es su vida. ¿En alguna ocasión la tomaste, la llevaste a la cama, para poder beber y disfrutar de los placeres que te ofrecía esa zorra?"

"No le quise contestar esa pregunta," dijo él, "no porque tuviera vergüenza, sino porque no le quería mentir. Pensaba que era inútil darle a Isabel armas y municiones para una batalla que probablemente nunca podría ganar. Así que le dije que no había llevado a Verónica 'una sola vez' a la cama. Era sólo una media verdad, porque me había acostado con Verónica muchísimas veces, cientos, quizás miles. Isabel parecía derrotada por mi respuesta, así que se quedó ahí sentada, enmudecida. Miraba fijamente a las llamas, sin pronunciar ni una palabra, arrepentida. "Y fue cuando entendí por qué había venido Isabel. Al principio tenía la esperanza de que me extrañara, de que se hubiese dado cuenta del fraude, pero era mi corazón, dándole vueltas al asunto, que se imponía sobre mi mente. Luego pensé que quería que los niños visitaran a su padre y que yo pudiese ver a mis hijos. Pero cuando la vi ahí sentada, desganada, mirando fijamente las llamas, me di cuenta de que había venido a conseguir de mí las armas para destruir a Verónica, todo por su marido, Romero. ¡Se quería aprovechar de mí, Antonio, una marioneta para ella, con un fin tan egoísta! Eso me puso muy furioso."

El señor Castañeda de Castilla sacó un cuchillo de una vaina de cuero y comenzó a cortar en lascas un queso que oveja que tenía delante y luego una blanquilla grande, un tipo de pera.

"Había ido a sacar dinero del banco para suplir las necesidades de los niños," dijo. "No recuerdo exactamente cuánto pero serían probablemente unos veinticinco mil en dólares americanos. Puse la maleta de cuero con el dinero detrás de ella y comencé a hablar sin mirarla.

"Ya te he dado una respuesta," dijo. "Y me arrepiento de no ser de más utilidad. ¡Pero no soy un novillo sin importancia, ignorante e inconsecuente, con el que puedes jugar a tu antojo! ¡Vete por favor! Toma este dinero para los niños y ve con tu marido. Le diré a un chofer que te lleve cuando estéis listos."

Una de las sirvientas, una mora, luego de ver la dificultad que pasaba el Señor intentando cortar el duro queso, vino a su rescate. Además trajo un cuenco con dátiles que puso en el centro de la mesa.

"Y en ese momento," continuó, "pensé que renunciaba al sol con toda su luz, para seguir, en su lugar, a la luna, las estrellas y a los planetas, en la oscuridad. Había esperado por seis años, con la esperanza de que Isabel algún día mirara en su corazón y se diera cuenta de que era yo el que estaba allí—Antonio ¡el hombre que ella amaba y que la amaba a ella! ¿Y eso es lo que recibo? ¿Ser un peón otra vez, ser utilizado por una mujer? Le preguntaba al cielo ¿Por qué? ¿Por qué no se daba cuenta de que era yo? ¿Por qué ella, de todas las personas, no podía ver el fraude? ¡No me hacía sentido! ¡Por todos los santos juraba que siempre estaría sólo en la oscuridad! Isabel dijo mi nombre mientras me iba lejos del fuego, pero ni si quiera me volví a mirarla."

"¿Y ese fue el final de tu historia con Isabel?" pregunté. "¿Se fue?"

"Para mi sorpresa, no se fue," dijo él. "Pero se quedó en silencio, haciendo las tareas de la casa, los deberes, como una esposa en su casa. Era como si nunca se hubiese ido. Cambió de lugar los muebles para que fluyera el chi en la casa, y luego se fue de compras, quería reemplazar las obras de arte de la casa por obras más nuevas, de arte contemporáneo."

"¿Qué propósito tenía hacer eso?" le pregunté, interrumpiendo. "¿Te había reconocido?"

"No lo sé," contestó, "pero yo aproveché el tiempo para pasarlo con los niños. Ayudaba al pequeño, Fernandito, con sus estudios de latín y la pronunciación de los sustantivos. Hice un fallido intento de ayudar a Joselito con su forma y sus pases de torero."

"¿Un intento fallido?" tuve que preguntar.

"No quería que le ayudara," suspiró el señor. "No quería burlarse de mí, pero me dijo que yo no era un matador, y que era él, el que debía enseñarme a mí."

"Nunca has enfrentado un toro," dijo Lito. "Has vivido tu vida escondiéndote tras tus libros y escribiendo teoría, por lo que nunca sabrás lo que es ser un matador, un hombre que vive de su pasión, un héroe de la gente. No eres mi tío Antonio."

"Me entró la curiosidad," dijo el maestro, "así que le pregunté, '¿Crees que tu tío Antonio era un héroe?'"

"¡Claro que sí! ¡Ha sido el matador más grande que ha vivido!" contestó, "y era amado por todo el mundo. Es mi inspiración, es el ejemplo del hombre y el matador que quiero llegar a ser. Hubiese amado a mi tío, pero como odiabas a tu hermano hasta su muerte, nunca lo llegué a conocer."

"Mi ojos se llenaban de lágrimas mientras escuchaba a Joselito," comentó el señor. "¿Odio? ¿Amor? ¿Cómo la palabra 'odio' y la palabra 'hermano' pueden estar en la misma oración? Escuchar a Joselito decir que me quería tanto me revolvió el corazón. Quería confesarlo todo, pero recordaba el juramento a mi hermano. El amor que sentía por Fernando me impedía hablar."

El anciano secó las lágrimas que caían de sus ojos y continuó.

"¿Y no tienes respeto por tu padre?" preguntó al chico, "que ha trabajado muy duro para adquirir conocimiento y convertirse en un académico estimado en toda España."

"Eres muy inteligente papá, y yo soy inteligente," contestó el niño. "Así que ambos sabemos que no se aprende en la escuela. Se aprende con la cabeza, con el cerebro. La escuela existe para los que no han aprendido cómo aprender. Es lo único que vale la pena que se enseñe en la escuela. Un académico aprende, pero no vive."

"¿Eso es todo?" preguntó el padre.

"Te respeto, al igual que otros te respetan," continuó el chico, "porque tienes dinero, y el dinero lleva al respeto. Pero si no tuvieras dinero, serías sólo otro académico, y los pobres académicos no son respetados. He visto mucho. El torero es respetado. Para enfrentar a un toro un hombre debe ser fuerte, pero tú eres débil. Te escondes bajo libros y edificios, lejos de la vida en el ruedo. Has dejado ir a mi madre, ella estaba sólo furiosa contigo y la dejaste irse con un hombre que abusa de ella y de tu hijo. El tío Antonio nunca hubiese dejado a mi madre sola, a merced de las desgracias de este mundo. Y nunca hubiese abandonado a sus hijos. Como padre, no te tengo respeto."

"Sin avisarme," dijo el anciano, "Isabel y los chavales se fueron a la mañana siguiente. Y para mi sorpresa, cuando los chicos esperaban el taxi, Isabel regresó y me besó en la boca. Fue breve, pero tenía contenida más pasión de la que he sentido nunca. Sentí que mi corazón había dejado de latir. Es cierto. ¿Alguna vez te ha pasado a ti, Morisco? ¿Querer tanto a una persona que hace que el corazón te deje de latir por un momento?"

"Sí," contesté, asintiendo con mi cabeza, y con el corazón adolorido. "He sentido eso. Me ha pasado." Cerré los ojos por un momento para serenarme. "¿Se quedó Isabel?"

"No estaba en nuestras manos decidir," dijo. "En esta ocasión no teníamos alternativa. Ella estaba casada y su esposo la esperaba en Madrid. Después de ese beso, vi en sus ojos una tristeza que nuca había visto. Quería caer sobre mis rodillas y rogarle que se quedara, pero como ella sabía lo que yo quería, se dio la vuelta y se fue. Diez pasos después, giró otra vez y me dijo,

'Se tú mismo. Olvídame si debes hacerlo, pero por favor, se quién eres.'"

"¿Qué significa eso?" pregunté. "¿Llegó a darse cuenta?"

"No lo sé," dijo él. "Pero las palabras de Isabel y de Joselito me hicieron cambiar. Pocos días después pedí una sabática en la universidad para reorganizar mi vida. Quería volver a ser lo que era antes, lo que amaba, sentir nuevamente la arena bajo mis pies, oler los toros, saborear su sangre, sentir la mía propia corriendo por mis venas, a punto de explotar por el peligro y la excitación. ¡Dos corazones desesperados que se balancean atrás y adelante! ¡Qué baile más exquisito! Quería volver a bailar."

"¿Cómo Antonio o como Fernando?" me pregunté en voz alta.

"Naturalmente como Fernando Castañeda de Castilla," insistió. "Pero no podía ser de otra manera. No se me hizo fácil. Me tomó cinco meses dedicado al ejercicio físico para estar en forma, como antes. Y aun así, la primera vez que practiqué con un toro, ¡Ay! ¡Paletazo! —un golpe con la parte plana del cuerno. Me tiró al suelo, y luego el toro, vino a por mí, y casi me da una cornada en la cabeza. Me dio un golpe tan fuerte en las costillas que me tomó meses recuperarme."

"¿Qué edad tenías?" le pregunté. "¿Y cuál es la edad ideal para un torero?"

"Tenía trentaitrés años," dijo. "Estaba en el punto más álgido, pero fuera de práctica. La edad ideal suele ser treintaiuno quizás treintaidós. El sol aun estaba a medio día."

"¿Comenzaste a torear otra vez?" pregunté.

"Tuve que empezar como novillero," dijo, "porque los demás pensaban que yo era mi hermano, que nunca llegó a completar la *alternativa*, la graduación de matador de toros. Le pagué a Joselito un pasaje para que viniera a Sevilla. Quería que él fuera mi padrino.

"En la ceremonia, debía torear a un castaño, un toro muy malhumorado, que odiaba la raza humana pero logré prevalecer, y continué ganando cada competencia, en Sevilla y en toda España. En el transcurso de dos años la gente había comenzado a quererme y a conmemorar mi nombre, algunos pensaban que tenía el alma de Antonio Castañeda de Castilla. Bailaba como no lo había hecho antes. Me encantaba estar allí, en la plaza, compartiendo un mismo corazón con la muchedumbre, con las personas que vivían su vida a través de mí. ¡Y las mujeres! ¡Ay, una estrella cada noche! ¡Algunas veces dos, o tres mujeres en cada sitio al que iba, y todas me querían a mí!"

"¿Así que ser un matador es como ser una estrella de rock?" le pregunté.

"No, más bien como una estrella del deporte," me dijo. "Como un jugador de la NBA, como Miguel Jordan— ¿él era un Bull, no? ¿Un toro? O como el mejor jugador de baseball. Las mujeres que me querían, que me llamaban y me buscaban, eran mujeres de verdad, mujeres de calidad, no mujeres baratas, borrachas y locas, como las que van detrás de las estrellas de rock. Las mujeres que venían a mí eran abogadas, médicos, maestras, celebridades, realeza—mujeres respetables, que sabían que no hay nada mejor que verdadera pasión en un hombre, y no hay hombre que tenga más pasión que un matador."

"¿Te llegaste a enamorar?" le pregunté.

"¡Cada noche!" dijo riendo. "Algunas veces más de una vez por noche. Pero evitaba a las mujeres casadas, aunque también podía tenerlas si hubiese querido. Hubo una que no evité, porque se aprovechó de mí."

"¿Cómo?" pregunté. "¿Quién era ella?"

"Era una mujer con influencias," me contestó en voz baja. "Siempre me observaba desde cierta distancia, esperando el momento en el que estuviera demasiado borracho, y enviaba una impostora a por mí, para que me sedujera. Por supuesto, cuando ya me había seducido, justo antes de que comenzara a fluir la pasión, antes de hacer el amor, cambiaba de lugar con la impostora, y la tomaba a ella en la oscuridad. Pero a la mañana siguiente, siempre despertaba, sobre una cama vacía. Sólo en una ocasión, me levanté antes del amanecer, antes de que ella despertara, para ver su rostro."

"¿Quién?" pregunté nuevamente.

"Era Verónica," dijo él, "mi antigua amante. La misma que me había apuñalado y dejado sólo para morir. ¡La misma Verónica! Cuando nuestros ojos se encontraron, sonrió, se levantó y se fue, sin mencionar ni una sola palabra. No sé cómo no me había dado cuenta antes. Debí haberlo sabido por la forma en que me guiaba, por la forma en que bailaba conmigo. Y aunque mis sentidos estaban muy despiertos, el pensamiento de que fuera ella me era inconcebible."

"¿Y estaba casada?" pregunté.

"Sí ¡Con el poderoso hijo de la Duquesa de Alba!" me volvió a contar. "Yo estaba convencido de que Verónica me odiaba. Creía que ella nunca quería volverme a ver. Ver que arriesgaba su reputación, su honor y su matrimonio por pasar algunas noches sensuales conmigo me dejaba atónito."
"¿Y nunca supiste por qué?" me pregunté en voz alta.
"Estuve perplejo por meses, pero finalmente, me di cuenta, aunque parcialmente, la razón de su decepción," contestó. "Y me enseñó a comprender realmente el corazón de una mujer."

Hizo un gesto con la cabeza al hombre de mediana edad que esperaba de pie en el marco de la puerta, con una botella de Remy Martin *Louis XIII* y tres copas de coñac. "Terminaremos el oporto," le dijo al mayordomo, Luis, "y luego el añejo."

"La mayoría de los hombres no entenderían," me explicó, "pero para una mujer, la pasión es una droga, una droga muy potente que puede afectar su corazón profundamente. La mayoría de las mujeres viven sus vidas desesperadas sin conocer la pasión ni una sola vez. Nunca llegan a sentir como entra por sus venas, la agudización de los sentidos y la poderosa intoxicación que provoca. Pero una vez una mujer lo experimenta, no volverá a estar satisfecha con menos, sin importar el peligro que le suponga. Esas mujeres sienten que en la vida, la pasión es lo único que importa, que es el fuego que las enciende, el combustible que hace correr la sangre. Nada más importa, pagaría cualquier precio, aunque suponga su propia destrucción."

"¿Así que Verónica llegó a experimentar la pasión contigo?" le pregunté. "¿Y probablemente no con su esposo?"

"Lo sabía sólo con mirarla," me contó. "La mujer que ha degustado y saboreado la pasión, aprende a cautivar y dominar a la bestia que duerme en la sangre de todo macho. Si no hay bestia que enfrente el desafío, entonces no habrá lucha, y sin lucha no habrá pasión. Dicha mujer no soportará por mucho tiempo vivir insatisfecha. Su pasión le atrapa en dependencia, codiciará y descubrirá excitación nuevamente. A menudo buscará un amante pasado. Regresará a una bestia familiar."

"Hace sentido. ¿Pero dijiste que la pasión era una droga?" le interrogué.

"Para la mujer, es una droga potente que afecta el corazón," contestó, "pero no para el hombre. Dentro del hombre es donde vive la pasión. Respira y se alimenta. Es la bestia que vive en el corazón de cada hombre. Es el animal. Ruge, late, y se levanta dentro del alma de un hombre. Siempre tiene hambre, tiene un apetito voraz, busca devorar el lujurioso, tentador y suculento cuerpo de una mujer. Si no se le alimenta con propiedad se debilita y muere. Un hombre que deja morir su pasión nunca logrará complacer a una mujer que haya aprendido a desear el peligro, la aventura y la excitación. Si la bestia se alimenta, un hombre, un vaquero, puede aprender a controlar su ardor y su furia, pero sólo una mujer, una verdadera maestra, puede llegar a someterla."

"¿La mujer maestra?" pregunté. "No entiendo."

"El hombre, es el matador cuando es de día, bajo el sol," estableció, "pero al llegar la noche, bajo la luna, es la mujer el matador. El hombre dirige de día, pero la mujer gobierna en la noche. En los asuntos del amor, en la pasión que surge en la oscuridad de la noche, es el hombre el que tiene los cuernos y la mujer—es ella la que sujeta las herramientas del destino. Más allá de la luna y las estrellas, la mujer siempre tiene el control, aunque le haga creer al hombre que es él el que tiene control sobre la espada, eso es parte del juego. Es siempre la mujer la que porta la muleta—sus herramientas yacen en la forma en la que se presenta, lo que lleva puesto, cómo deja ver sus piernas bien formadas, sus hermosos pies en zapatos que coquetean con el ojo, el cuello alto y delgado y los pechos suculentos; su olor—su perfume, su aroma irresistible que se entremezcla con sus feromonas naturales de mujer, que llevan a la bestia al delirio; cómo se arregla—sus labios pintados, uñas de pies y manos también, su falda, que se amolda perfectamente a su cuerpo, que muestra lo sensual de sus caderas, la suavidad de su piel y por último, el señuelo de lo carnal, la tentación entre sus piernas, que hizo al hombre caer en pecado— la irresistible e intoxicante fruta que lleva la mujer y que ofrece al hombre. Bajo su influencia, el hombre seguirá el baile que ella marqué, y será guiado mientras ella interpreta los actos de *fijar, chicuelina, correr la mano, pase por bajo, llamar y finalmente, la suerte de matar*. Rara vez el hombre tiene oportunidad de actuar."

"¿Y así es como Verónica se aprovechó de ti?" le pregunté.

"Verónica me enseñó finalmente que estaba siendo usado como esclavo. Antes pude engañarme, creía que me aprovechaba de las numerosas mujeres que venían a mí," explicó. "Lo cierto es que ellas me usaban para sus deseos egoístas, para sentir y domar la bestia, para saciar su adicción. Pero nunca me vieron como más que el bruto en el que me había convertido. Era un animal, abusado para sucia diversión y otros fines egoístas. Al ver a Verónica allí, me di cuenta de que había sido un tonto. Decidí no volver a caminar en la oscuridad nunca más."

"¡Qué vida más espectacular ha vivido usted, señor!" declaré. "¡Tantas pruebas en el camino, tantos vuelcos del destino! ¡Pero aun así, una vida increíble!"

"Aún no te he contado toda la historia," me explicó. "Semanas después de haber descubierto el engaño de Verónica, recibí una carta de Romero Rodríguez Sánchez, el esposo de Isabel—un telegrama. Decía que Romero había recibido una cornada en el muslo en una corrida en Las Ventas en Madrid. Los médicos intentaron salvarle, pero se desangró hasta morir en la misma enfermería de la plaza. Salió un pequeño artículo en el periódico."

Tuve que pararlo otra vez. "¿Muerto, Romero, el esposo de Isabel?" pregunté.

"Sí," asintió con la cabeza. Hay una antigua expresión española, *Donde menos piensa el galgo, salta la liebre.* Me quedé atónito. Los gitanos también tienen el dicho: *Tras la mala suerte, llega la buena fortuna.* No me regocijé, pero tampoco lo lamenté. Sólo esperé, sabiendo que eventualmente, Isabel, estaría de vuelta conmigo."

"Nunca he creído en el destino," dije, mirando por encima del monitor del portátil, "pero parece que vosotros dos también erais unidos otra vez por el destino."

"Sí, son las páginas de una historia escrita para nosotros antes de que naciéramos," suspiró. "No pude viajar a Madrid para el funeral porque tenía compromisos en Pamplona y Barcelona que no podía romper. Cuando llegué a casa de vuelta, encontré una nota de Isabel. Por supuesto, ya para ese entonces yo era considerado otra vez el mejor matador de España, de todo el mundo, pero esta vez se me conocía por otro nombre, Fernando Castañeda de Castilla. De hecho, creo que era mejor matador en ese momento de lo que había sido antes. En esta segunda vida, entendía los dos lados de la partida—el corazón y la mente. El sentimiento y el pensamiento de estar en el ruedo."

"No quiero interrumpir señor," dije, "pero ¿qué había escrito en el mensaje? ¿Otra complicación?"

"Al contrario," dijo sonriendo. "En la carta me contaba que un familiar, una sobrina por parte de la familia de su madre, se casaría en Triana, un barrio que no está lejos de aquí. Que ella pensaba ir a la ceremonia y que le gustaría mucho que fuera a visitarla mientras estaba en la ciudad."

"¿Triana? ¡Conozco ese lugar!" dije. "Fui allí a aprender flamenco."

"Sí," asintió con la cabeza, "es un barrio gitano de Sevilla conocido por su flamenco, pero cuando yo fui a visitar a Isabel, mucho tiempo atrás, era muy diferente. No era un barrio conocido ni importante, sólo para los gitanos. La gente que vivía en él era muy real, habían crecido de la tierra y no del dinero de los turistas. Lo que le gustó a la gente de fuera, que convirtieron a Triana en un destino romántico, era sólo la vida cotidiana de los residentes del barrio. Me encontré allí con Isabel, un mes después de la muerte de Romero."

"¿Llevó a los niños con ella?" pregunté.

"No," dijo él. "Joselito tenía un mano-a-mano, una corrida de toros en Valencia. Su hermano pequeño le acompañaba como peón, estaba siendo entrenado para banderillero. Sin niños. Isabel llegó a Triana sola."

Tuve que reír. "¡Perfecto para ti! ¿Y entonces ya sabría que eras Antonio, no?"

"Yo no sabía si se había dado cuenta del fraude," contestó. "Bueno, la cosa es que intenté llegar a Triana, para asistir a la boda, que se celebraba por la noche. Pero era abril, tiempo de feria, y aún caían lluvias de primavera. El tiempo no era problema, las bodas gitanas pueden durar dos o tres días. Ni si quiera me importaba la ceremonia. Yo sólo quería ver a Isabel."

"¿Me imagino que habrá sido muy emotivo el encuentro?" adiviné.

"Probablemente no fue lo que te imaginas," dijo. "Cuando me encontré con ella esa noche, estaba celebrando con su familia en una taberna que habían montado en un patio. Bebían, hablaban, escuchaban música gitana, interpretada con una habilidad de virtuoso, por un hombre que tenía la mano doblada por la artritis, y que debía tener más de sesenta años. El suave y bien logrado sonido que salía de las cuerdas de la guitarra, era opacado por el barullo de la gente bebiendo y fumando. Así que entré por el portón e intenté distinguir la cara de Isabel entre la de todas las demás mujeres que había allí. Ella se parecía mucho a sus tías y a sus primas."

"*¡El Bailarín!*" gritó alguien.

"Cuando entré el guitarrista me reconoció y comenzó a tocar un paso doble, *Manolete*. Al escuchar una canción tan familiar," continuó, "y mucho más rápida, todos los ojos se volvieron hacia mí. Por supuesto, los pasodobles se utilizan para anunciar a entrada de un torero al ruedo y también para marcar los pases finales, en la faena, antes de la matanza.

"Cuando volví a mirar hacia el patio, allí estaba Isabel, en el centro, posando como desplante. Lo que siempre me ha gustado de los gitanos y de los rumanos, como se llaman entre ellos, es cómo disfrutan y se aprovechan de los momentos cotidianos de la vida: momentos únicos y fugaces que el resto de nosotros, atrapados por el miedo a la espontaneidad, dejaríamos ir sin haberlos aprovechado. Así que ahí estaba Isabel, con su abundante cabellera peinada hacia arriba. Su vestido era más que negro, era *azabache*, radiante y brillante. Sus hombros y sus brazos estaban húmedos del sudor y brillaban bajo la luz de la luna. Su vestido era largo y ceñido, con un fular rojo que la cubría, y zapatos de tacón italianos en sus preciosos pies.

"De momento el pasodoble dejó de sonar, y el guitarrista comenzó a tocar una canción popular. El principio de la canción era la llamada a la oración que se hace por la mañana en Casablanca, y luego comenzó la melodía sincopada. El resto de presentes se unieron al baile, tocando las palmas, taconeando, dando golpes con las manos a los muslos o con los codos a las mesas. Isabel cerró sus ojos mientras comenzaba a sentir el ritmo en el patio. Al principio bailaba casi sin moverse, brazos levantados, codos doblados, chasqueando los dedos. Desde la punta de sus dedos, la pasión del cantar seduce su cuerpo, baja por sus manos expresivas, a la indulgencia brusca de sus muñecas, peregrina más allá de sus brazos a su escultural cara, su cuello y sus despojados hombros, se estremecía y resonaba en sus pechos y bajaba por su pequeña cintura terminando en lentas sacudidas de cadera. Llega a la silueta firme de sus caderas estrechas y a sus muslos que hacían a un artista como el Greco parecer un amateur. Comenzó a taconear, casi como una bailarina de tap, y de vez en cuando giraba formando un círculo con sus pies.

"Mientras la música se aceleraba, Isabel bailaba y su falda daba vueltas con gracia, levantaba sus brazos con porte y elegancia, moviendo su cabeza y tocando las palmas. Luego de un rato, se quito el fular que cubría sus brazos y lo comenzó a incorporar al baile. Mirándome, se acercó, con el paño en la mano, como si fuera muleta. Me retó a complacerla en el pasodoble a flamenco, una invitación que no pude negar. Y así comenzamos a bailar, Isabel como torero y yo como el toro, pase tras pase hasta el final: *ajustarse, farol, recorte*, y las demás personas en el patio bailaron también con nosotros. Debimos haber bailado por casi dos horas, y luego buscamos una mesa en la que sentarnos ¡ahí disfrutamos de la mejor sangría que he probado!

"Hablamos un rato hasta que tuve el valor de acercarme a ella y besarla," me dijo. "¿Y su reacción? Me pegó una cachetada."

"¡Esta es por la primera mentira que me dijiste!" dijo ella. "Pero no están todas cubiertas. Aún no estás perdonado."

"Como reacción, yo, sin pensarlo y sin recordar en el lugar en que me encontraba," dijo moviendo la cabeza en arrepentimiento, "le devolví la cachetada y le dije, 'esta es por la primera vez que me mentiste tú. Tú me amabas, pero me utilizaste y te casaste con mi hermano. Una mentira, una lanza. Una lanza, tres pobres pájaros, tres almas miserables. Un estoque, tres corazones. ¿Y aún no estoy perdonado? Tus heridas te las has infligido tú misma.'"

"Yo era joven," admitió ella. "Dejé que mi tonta mentalidad de niña y mi falta de confianza en mí misma dominaran sobre mi corazón. Cuando maduré ya era muy tarde. ¡Pero tú! ¡Y tú hermano! ¿Qué pensabais, par de tontos? ¿Cómo es que dejaron que eso llegara a pasar? Tú hermano está muerto, y tú, Antonio ¡tú eres un fraude! Con un poco de imaginación cualquiera podría pensar que fue con premeditación. ¡Dos hermanos que se odiaban tanto! El más listo aprovechándose de la riña que tienen hace años para llevar a su orgulloso e inexperto hermano a la plaza, a un tonto, que quería probarle que el también podía torear, y lo enfrenta a un toro sobrenatural, que tiene por nombre Muerte. ¡Hace todo esto para matar a su hermano, para quedarse con su vida y con su esposa! ¿Tan retorcido es tu corazón, Antonio? ¿Eso es lo que hiciste? ¿Pensabas que no me daría cuenta? ¡Soy Isabel, por Dios!"

"Solamente una persona conoce la razón por la que mi corazón late, y esa eres tú," suspiró él. "Por esa misma razón estaba seguro de que me reconocerías a la primera. Pero escogiste la ceguedad, y por segunda vez, le hiciste caso a las pasiones y súplicas de otro hombre, en lugar de venir a mí."

"¿Por qué no me dijiste?" preguntó ella. "¡Me podías haber contado la verdad cuando regresaste del funeral y me hubiese quedado contigo! ¡Y nunca hubiese tenido que soportar los abusos de Romero!"

"Hice un juramento, sobre mi difunto padre y por el alma de mi hermano, que estaba a punto de morir, de que nunca revelaría lo que habíamos hecho," explicó él. "¡La idea de cambiar de puestos fue una fantasía que salió de él! Yo no quería. ¡Le supliqué que me dejara enfrentar a Muerte! Pero nunca me hubiese dejado. El daño que le pudiera causar era lo de menos para él. Te amaba Isabel, y sabía que sólo querías un matador. Su muerte fue un último acto de amor."

"¡Me casé con un matador," dijo ella, "Romero!" ¡Qué lástima! Y me tomó un tiempo darme cuenta de que la medida de un hombre es la medida de su corazón y tiene poco que ver con su título o riqueza, no se ve, no es lo que muestra al mundo o lo que otros ven en él. ¡Amaría a un mendigo o a un ladrón si sólo me entendiera y me diera todo el amor que necesito! ¡Y que se burlen de mí, pero prefiero vivir en la pobreza con un mendigo, que ser la esposa de un príncipe que no me desea o que no entienda mi corazón!"

"Debí haberte reconocido," me contó que le dijo ella, mientras se golpeaba la frente. "Debí haber sabido que eras el único hombre que, por razones que yo desconocía hasta que te besé aquel día cuando me iba de tu casa, conoce el carácter y las debilidades de mi corazón y de mi mente. Los cielos nos han puesto a prueba."

"Y hemos prevalecido," dijo él. "Después de todo eso nuestro amor ha perdurado y ahora, por fin, podemos estar juntos."

"¿Juntos?" preguntó ella, "¿Y has pensado que traerá esto de estar juntos? Anhelamos tanto esto que no nos hemos detenido a pensar lo que será nuestra vida más allá de estar juntos. ¿Te has puesto a pensar lo que será nuestro día a día? Más allá del deseo y de la imaginación."

"Por catorce años he tenido una vida en la que respiraba por respirar, ya que sólo quería respirar junto a ti," dijo él. "He trabajado arduamente, he atendido las multitudes de Laban y he parado los latidos de mi corazón sólo para que latan a tu ritmo. La tarde acaba de comenzar y tenemos la dicha de que el viento casi no sopla. Es ahora que podemos escuchar el sonido de la música. ¿Qué haremos día tras día? ¡Bailar!"

"Pero no esta noche," sonrió ella, quitando su mano, que tanteaba su sudoroso muslo. "La tía Azucena es muy estricta. ¿No ves la mirada que nos echa? Soy su invitada y quiero regresar con ella a casa. ¡Pero estamos en Feria, el aire está perfumado con la esencia de los naranjos y el dulzor de los jazmines! ¿Quieres que vayamos mañana a los Remedios a pasar el día allí de fiesta? Y luego decidiremos cómo comenzamos a bailar."

"¡Esa noche conduje a casa con la sensación de que había vuelto a nacer!" recordó. "Fue el momento más feliz de mi vida, Morisco. Finalmente y por siempre unido a mi gran amada, el amor de mi vida. Esa noche, no distinguí entre el sueño y la vigilia, ni el sueño de la realidad. En oración, pedí a Dios nunca despertarme si esto fuera un sueño. ¡Déjame morir rebosado de amor y felicidad! Por eso rogué. Pero el encuentro con Isabel al día siguiente fue la prueba de que todo era verdad, así que mi petición no fue concedida esa noche.

"Encontré a Isabel esperando por mí en Triana, y de allí partimos a los Remedios, a la feria de primavera. Estuvimos tres días de caseta en caseta, tomábamos tapas y bebíamos, también visitamos los lugares en donde se reunían los gitanos para bailar un rato. Isabel llevaba traje de sevillana, mantilla de encaje y botas de cuero. Cada noche, luego de tanto bailar, me pedía que la llevara a casa de su tía, y yo regresaba a la mía. El sábado, Isabel se vistió con un traje corto, negro, que combinaba con mi traje de luces, ya que enfrentaría a tres toros en la Maestranza esa tarde."

"¿Toreaste bien ese sábado?" le pregunté.

"¡Espléndidamente!" contestó. "Y justo antes de mi última corrida, durante el brindis, le dediqué el toro a una persona especial que se encontraba entre la audiencia. Pedí al Presidente una pequeña indulgencia, y allí, en el centro de la plaza, me arrodillé, y delante de la multitud, de la audiencia en las gradas, en los tendidos y frente a los que nos veían por televisión y le pedí a Isabel que se casara conmigo."

Tomó una pausa para beber, y luego, el cambio en su rostro sugería que cambiaría de tema, pero yo no estaba satisfecho. Hablé antes de que él pudiese comenzar a hablar de otra cosa.

"Bueno," dije yo, "¿Le pediste que se casara contigo? ¿Y qué dijo ella?"

Me miró sonriendo mientras ponía la copa de vuelta en la mesa.

"¿Tenías que preguntar, no?" se rió. "Por supuesto que dijo que sí."

Luego de tanta bebida, el señor Castañeda de Castilla tenía que ir al baño, para aliviar su cuerpo de todo el vino que había tomado. Tomamos un descanso de diez minutos más o menos, y luego nos sentamos otra vez y continuamos.

"Celebramos nuestra boda en esta misma casa, luego de dos semanas," me contó, "y fue maravillosa, la boda más espectacular y despampanante que se había celebrado en Sevilla. Había carruajes extravagantes y muy elaborados, representaciones con caballos andaluces. Pero Isabel y yo estábamos locos por que todo terminara para poder consumar nuestro matrimonio en privado. De viaje de novios fuimos a Casablanca, el lugar en el que naciste, Morisco. Así que volamos a Marruecos, la tierra del sol poniente."

"¿Casablanca? ¡Qué bien!" dije emocionado. "Pero ¿por qué Casablanca?"

"Tenía un amigo allí, un aficionado," dijo, "que era el dueño de un lugar maravilloso llamado La mano de Dios, o قدرة الله , cerca de la playa. Era una villa al estilo mediterráneo. Estaba en la cima de un monte desde donde se veía el océano Atlántico. ¡Ah, qué bien se sentía sentarse en la terraza al final del día, escuchando el eterno rugir de las olas, con una vista espectacular del ardiente sol, metiéndose dentro del mar! ¡El horizonte, azul, parecía no tener fin y continuaba en todas direcciones! Un sirviente, un berebere llamado Bushmar, me contó que llamaban al sitio un lugar sagrado, porque siempre, justo cuando el sol estaba a punto de desaparecer, si uno se giraba un poco, mirando sólo desde el rabillo del ojo, se puede ver la mano de Dios. Y en ese momento uno se pregunta ¿estará al mismo tiempo en los cielos y en la Tierra? Disfrutarás de un momento de claridad espiritual que pocas veces se vive. Y desde el primer momento en que escuché del lugar, sólo pensaba en compartir ese momento con Isabel."

"Y fuiste allí en tu noche de bodas," comenté.

"Volamos directamente a Casablanca luego de la recepción," me dijo. "El chofer, Miloud, nos fue a recoger en el aeropuerto. Condujo por una hora, alejándose de la ciudad, a través de caminos que dejaban de verse por la oscuridad que producía el cielo nublado. Cuando al fin se olía el mar, miré hacia arriba y vi el lugar, que brillaba espléndidamente. Una vez dentro,

Isabel suspiró de emoción mientras observaba el vestíbulo. ¡Cinco habitaciones fabulosas! ¡Borbotantes fuentes de mármol, piscinas, jardines! ¡Un palacio, para disfrutar por tres días!"

"¿Una exorbitante boda por el día y un viaje en la noche?" pregunté. "Debíais estar agotados cuando al fin llegaron al lugar."

"¡Un hombre nunca está demasiado cansado en su noche de bodas!" rió. "Pero, una vez más, probablemente no es lo que estás pensando."

Esta vez llenó él mismo su copa y me pasó la botella.

"Un recuerdo personal," declaró, "para que siempre te acuerdes de mí." Luego aclaró su garganta. "¿Qué hora es, Morisco?"

"Las once y treinta," contesté.

"¿Las once y treinta?" repitió, sorprendido. "¡Pierdo demasiado el tiempo! ¿Qué estaba diciendo?"

"Me contaba sobre su noche de bodas," le dije, mirando la página anterior, "me decía que probablemente no era lo que yo pensaba."

"Sí," me indicó, "es que un matador siempre se toma su tiempo. ¿Sabes? Nunca puede permitirse la prisa o la ansiedad. Isabel y yo estaríamos solos en la villa por tres días, así que planifiqué las cosas de acuerdo con el tiempo que contábamos."

Sus ojos brillaban cuando recordaba esa noche, retrocediendo tantos años en el pasado.

"Esa primera noche, le preparé un baño en la tina de cobre lustroso que había en la habitación de matrimonio," me dijo. "Luego de que estuviese llena con agua caliente le agregué abundantes fragancias de lavanda, clavos, canela, también limoncillo, almizcle de Egipto, nuez moscada y miel, en fin, una alquimia prometedora. Llené una copa con un rioja de Álava y la coloqué cerca de la bañera. Encendí cien velas que coloqué alrededor de la habitación y en la radio puse una versión larga de la canción "Bolero" de Ravel.

"Mientras se bañaba," continuó, "vestí la cama con sabanas rojas de seda, y con mil pétalos de rosa sacados a mano de fragantes rosas de un color rojo oscuro. Cuando salió de la tina, la sequé con toallas de algodón que había puesto a calentar y la llevé a la cama. Ya era media noche. Le puse un antifaz de seda para vendar sus ojos y le pedí que se relajara. Acaricié su cuerpo y froté sus cansados pies y sus manos con aceite de oliva extra virgen y algunas gotas de lavanda. Me tomé mi tiempo. Le pedí que inhalara y exhalara suavemente y até sus muñecas con cintas de seda. La puse boca abajo y anclé firmemente sus muñecas a uno de los pilares de la cama. Luego até sus tobillos a pilares separados de la cama."

"¿La amarraste?" le pregunté.

"Pero sólo por la aventura, para descubrir cosas nuevas," me dijo. "Eran cintas de seda, se las podía quitar cuando quisiera, pero estaban atadas lo suficiente como para que sintiera la restricción de movimiento. Lo que yo pretendía era una completa sumisión de su cuerpo y su mente a mi ardiente propósito. Mis labios y mi lengua viajaban por su cuerpo, ansiosos de comenzar su tarea, de hacer un reconocimiento por sus montes y sus valles, las cuevas olvidadas y las maravillas que ni si quiera ella sabía que existían. La fuente de la pasión no podía tener restricciones, así podía explorar su cuerpo y encontrar sus puntos sensuales secretos.

"¡El pie de una mujer!" comenzó a decirme. "¿Qué mejor lugar para empezar? ¡Ay, podría pasar un día entero dedicándoselo sólo al pie de una mujer—las curvas, el arco, los nervios, la sensibilidad y el placer que se puede ofrecer entre los dedos! Si hablamos de sensación los pies son el tercer lugar más sensible de una mujer, después de la flor de su amor y de sus pechos, en los que resuena su corazón. Así que comencé mi viaje de descubrimiento en sus talones. Los pellizcaba gentilmente, mordisqueaba sensualmente el arco del pie y bordeé con mis dedos la forma de sus dedos y con mi lengua, mientras sentía como despertaba la bestia en mí."

Me sonrió y continuó.

"¡Sentir la bestia!" mencionó. "Una gran fracción de los hombres vivirán una vida entera sin nunca conocerla, nunca permitirán que despierte en su corazón, nunca traerán placer exquisito a una sola hembra. Y por eso, muchos hombres vivirán sin inspiración y muchas mujeres morirán sin satisfacción. Cuando un hombre ame una mujer con pasión, besara sus pies. Restringirá al animal que codicia devorarla inmediatamente. Chupará sus dedos, cada uno de ellos. Encontrará las áreas prohibidas donde se esconde el placer. Me tomé mi tiempo en la adoración de sus pies. Luego subí por sus tobillos esculturales y sus voluptuosas piernas, explorando con mi lengua y mis labios las curvas y los llanos, las amplitudes suaves y firmes de su carne lujuriosa. Reanudé mis mordiscos, pero de forma suave, para que no sintiera dolor, sino para hacerle sentir la vulnerable sensación de ser lentamente devorada por una bestia, de ser codiciada y deseada. Estudiaba la forma en que gemía, la forma que en se movía y se estremecía con cada caricia mía."

Cerró sus ojos por un momento, saboreando el recuerdo.

"Tomé un buen rato acariciando y besando la parte de atrás de sus rodillas, y luego sus caderas. ¡Y su espalda! ¿Sabías, Morisco, que la espalda de una mujer es un gran mapa del tesoro por explorar? Con tantos puntos de placer inalcanzables para ella. Y la espalda de Isabel era suave y fina. Mi lengua recorrió su espina dorsal hasta llegar a su cuello, respiré como una bestia en su nuca y la besé tras las orejas. Cómo le deleitaron mis besos en su cuello, fue como si hubiese encendido el interruptor, de repente cada musculo en su cuerpo cobró vida propia. Emitió un fuerte gemido, ¡estaba tan excitada! Movía sus caderas, las cintas de seda que ataban sus pies y manos se estiraban mientras convulsaba desde sus hombros hasta sus piernas. Siendo muy paciente, paré y dejé que su cuerpo se tranquilizara."

"¿Paraste?" le pregunté.

"Por un momento," asintió con la cabeza. "La puse boca arriba, la volví a atar de pies y manos, y reanudé mis besos en los dedos de sus pies para lentamente retomar mi ruta por todo su cuerpo. Pero se hacía tarde. No toque la flor, aunque coqueteé con su estomago y cintura besando cada centímetro. Reposé en sus senos que devoré como un infante hambriento, hasta saciarme. Besé su cuello y boca y apreté su cuerpo contra el mío hasta que suplicaba por satisfacción. En ese momento me detuve, le di un beso de buenas noches, la desaté de la cama y me retiré de la alcoba."

"¡Era tu noche de bodas!" exclamé. "¿Y te fuiste de la habitación?"

"Sí, me fui," me dijo. "Teníamos tres noches para estar allí, además había sido una buena noche. Entré en una de las demás habitaciones de la villa y cerré la puerta con pestillo."

"¿Y qué pasó con Isabel?" le pregunté. "¿Estuvo contenta con pasar la noche de bodas sola?"

"No," rió. "No estaba nada contenta. Bajó las escaleras, llegó al vestíbulo pisando fuerte, maldiciendo, con expresiones que estoy seguro que aprendió en Madrid. Golpeó muy fuerte la puerta de mi habitación, gritando que tenía que regresar, pero yo estaba cansado. Había sido un día muy largo. Se quedó aporreando la puerta por media hora amenazándome de muchas maneras, pero eventualmente se fue a su habitación. ¡Y gracias a Dios! Estaba muy cansado."

"Estaría muy furiosa contigo a la mañana siguiente," sugerí.

"Tenía sus maletas empacadas," me dijo, "y me amenazó con irse, pero estábamos en la cima de una colina, a muchos kilómetros del poblado más cercano, y el chofer no regresaría hasta medio día. Me dejó que la convenciera de quedarse, fingiendo desgana. Estábamos sentados en una de las cocinas, ella me comparaba con Romero mientras yo hacía el desayuno. Luego del desayuno, que no quiso comer y luego de que sacara todo lo que sentía, le pregunté por qué estaba furiosa."

"¡Era mi noche de bodas!" me gritó. "Me tentaste, me llenaste de deseo, ¡Y luego me haces pasar la noche sola!"

"Pero no estabas sola, yo estaba en la casa," le dijo. "Además, has tenido dos noches de boda. Tenía que probarte que ésta tercera sería diferente y que este matrimonio sería diferente."

"Y al escuchar eso," continuó, "empujó con su antebrazo su plato en la mesa. No había pegado bocado."

"¿Por qué Antonio?" farfulló entre dientes, con lágrimas en los ojos. "¿Por qué me provocas sólo para dejarme?"

"¡Ja!" interrumpí, volviendo atrás algunas páginas. "¿No fue eso lo que te hizo ella en Madrid cuando te dejó por tu hermano? Querías enseñarle cómo te sentiste tú. ¿A qué sí?"

"¡Para nada!" contestó. "Le dije que quería hacerle el amor como no se lo había hecho ningún hombre. Para ello tenía que descubrir su cuerpo, entenderlo, en cada detalle. Le conté del punto de placer, secreto, que encontré en la parte de atrás de su cuello, y de otro sobre su cintura. También le dije que noté como le gustaba que le tocara un poco más arriba de las caderas y que masajeara su cuero cabelludo. Le besé tras la oreja y le susurré '¡Ay, qué difícil ha sido para mí, como Fineo, tener banquete delante y no poder disfrutarlo!'"

"¡Has sido tan cruel!" dijo ella.

"Pero sólo para ser un caballero, para amarte mejor," insistió él.

"¡No soy un toro!" le contrarrestó ella. "No puedes hacer que vaya a donde quieras."

"Por supuesto que no," estuvo de acuerdo él. "Yo soy el toro y tú eres el maestro. A donde me lleves yo te sigo. ¿Y a donde quiere ir mi maestra?"

"Se quedó callada," me dijo, "sospechosa, pensante, hasta que finalmente habló."

"De compras," anunció. "Quiero ir a comprar y tú pagas. En otras circunstancias yo pagaría por mis caprichos, pero debes pagar por lo que hiciste anoche."

"Entiendo," dijo él. "Llamaré al chofer para que esté aquí lo más pronto posible. ¡La vieja Medina es un lugar fabuloso para comprar!"

"Hay muchas cosas para comprar en la vieja Medina," comenté yo. "Estuve allí hace tres semanas."

"Sí, y especialmente cuando estuvimos allí, ella y yo," dijo. "Compró lámparas, especias, alfombras y tapices. También compró ropa marroquí para los niños, *djellebas* y zapatillas *babouche*. Además compró platos, hondos y llanos, de plata y una elaborada mesa de latón.

"¡Cómo disfrutó ir de compras!" dijo él sonriendo. "Luego de tres horas, ya tenía tantas cosas, que aun cuando empacó todo de manera ordenada, el coche iba lleno. No cabíamos dentro de él así que le pedí al chofer que llevara las cosas a la villa y regresara a por nosotros. Pero Milaud tenía otras obligaciones que lo mantendrían ocupado durante horas. Nos dijo que conocía un conductor de taxi que nos llevaría y nos explicó donde encontrarlo.

"Ya para entonces se podía escuchar el rugir del estómago de Isabel, quejándose de la falta de comida. Me suplicó que fuéramos a comer pero le dije que no podíamos comer allí porque la comida podía causarle alguna reacción. Era mi esposa, y no podría soportar que se enfermara en un país extraño. Le compré tres mandarinas, que comió con gusto y le dije que cocinaría cuando llegásemos a la villa, así que fuimos en busca del conductor de taxi que nos llevaría de vuelta."

"Sí," estuve de acuerdo, "debía tener mucha hambre. Si dejasteis Sevilla por la tarde del día anterior y no tomó nada de desayuno en la mañana, llevaba más de veinte horas sin comer."

"Comió las mandarinas," dijo encogiéndose de hombros, "Y también un pedazo de queso de cabra. De todos modos, encontramos el taxi y le pagué muy bien para que nos llevara de vuelta a *Mano de Dios* en la cima de la colina. Pero cuando

llegamos a la parte de debajo de la montaña, paró el taxi y nos dijo que no podía llevarnos más arriba porque los frenos del coche fallaban."
    "No está lejos de aquí," dijo el conductor. "Está a cinco o seis kilómetros. ¡Creedme! *Allah* ¡Bendito sea su nombre! – nos castigaría si intentásemos subir la colina sin frenos."
    "Así que nos dejó allí, para que subiésemos caminando," dijo el señor Antonio. "Cuando miré el reloj ya habían pasado las cuatro. '¡Ay-ay-ay!' le dije. Tendríamos que haber estado en la terraza antes de la puesta del sol. ¡Quería que viéramos la mano de Dios! Y ahora tenemos que caminar por cinco kilómetros cuesta arriba. Además, luego que el chofer nos dejara Isabel había comprado más cosas, así que teníamos las manos llenas de bolsas. Marqué un buen paso, y ella me siguió por un cuarto de hora más o menos, pero luego se sentó y me dijo que necesitaba descansar.
    "Por supuesto, la intenté convencer de que continuáramos un poco más," continuó. "Ya que al paso que íbamos nunca llegaríamos a tiempo. Ella jadeaba, respiraba fuerte y estaba cansada, enfadada y hablaba para sí misma. Probablemente había dormido poco la noche anterior. Pero yo intentaba animarla '¡Más rápido, debemos ir más rápido!' le decía. Y para cuando ya habíamos subido media montaña escuchamos un ruido estruendoso en la distancia, no muy lejos de allí. Era un chaparrón que venía hacia nosotros. ¿Y ahora qué hacemos? No podíamos bajar otra vez, y aún faltaban tres kilómetros para llegar a casa, no había nada más en la montaña, nadie más vivía allí. Había árboles que nos servían de refugio, alguna cueva, pero con la lluvia se acercaba la oscuridad y el sol se pondría. Había animales rondando por allí, algún león o un leopardo, pensé, ya que estábamos en África. Y comenzó a caer la lluvia."
    "Debemos caminar más rápido aun, mi amor," le dijo él, "si no queremos que la lluvia nos arrastre cuesta abajo. ¡Camina más rápido por favor!"
    "¿Cómo hemos llegado a esto Antonio?" le gritó ella. "¿Eran estos tus planes? ¿Atraparme en este sitio, agotarme? ¿Por qué me casé contigo?"
    "Me das demasiado crédito, mi amor," le dijo él. "¡No puedo planificar una tormenta! Fuiste tú la que quisiste bajar a comprar. Sólo quiero llevarte de vuelta a salvo. Estoy caminando. Por favor mantén mi paso. No tenemos otra opción."

"Siempre hay otra opción," le replicó. "¡Tú me subestimas!"

"Así caminamos tres kilómetros más hacia arriba, bajo la fría y fuerte lluvia," me contó. "Mientras subíamos, una de las bolsas, mojada por la lluvia, se rompió, y todo su contenido cayó al suelo y rodó cuesta abajo. Así pasó luego con una segunda bolsa. Cuando llegamos a la villa sólo nos quedaba una bolsa en la que llevábamos una *koummya* de plata, una daga berebere que había comprado ella. Estábamos empapados y el frío calaba hasta los huesos."

"¿Tenía razón Isabel?" le pregunté. "¿Estaba todo planificado? ¿Agotarla, llevarla sin comer y sin dormir y hacerla morirse de frío?"

"Un matador no puede confiar en un plan," me dijo. "Se deja llevar por la vida, la siente con su corazón. A lo mejor tuve que ver con lo que nos hizo el chofer, pero yo no causé el chaparrón."

"¡A que cuando llegaron a la villa quería usar la daga contra ti!" me atreví a decir.

"No creas que no pasó por mi mente," rió. "Pero llegado ese punto, creo que Isabel estaba feliz de estar al fin a salvo y en un lugar caliente y no tenía fuerzas para nada más. Ya habíamos tenido suficiente con la aventura que vivimos ese día. Me quedé sorprendido al darme cuenta de que estábamos a tiempo para ver la puesta del sol, pero las nubes cubrían la vista. No dejó de llover en toda la noche. ¡El resonar de los truenos, el grabado que formaban los relámpagos sobre el tapiz del cielo nocturno, una sinfonía de sonidos y naturaleza! Es en esos momentos en que, como Job, aprendemos a ser humildes. Nuestros problemas, ambiciones triviales y nuestras vidas, importan poco frente a los planes del universo. El destino no tenía en sus planes que el sol, al borde del horizonte, nos mostrara la mano de Dios ese día."

"Qué pena," suspiré. "¿Estaba muy enfadada contigo?"

"Al principio sí," me confesó, "pero se calmó cuando vio por lo que tuve que pasar para hacerla sentir cómoda. Encendí la chimenea, sequé su cabello con gentileza. Le quité la ropa mojada y la vestí con un pijama acogedor y calentito, fabricado con el mejor algodón del mundo. La envolví en una lujosa bata de algodón bordado, importada de Afganistán. Y cuando se sentó en un sofá frente al fuego, puse sus cansados pies sobre mi regazo y les di un masaje hasta que sus ojos se echaban hacia atrás. Cuando finalmente se durmió, cociné la cena más exquisita que he hecho en mi vida, su comida favorita."

"¿Y cuál es?" le pregunté.

"¡Paella!" me dijo emocionado. "Habrás escuchado sobre la paella. Le pedí a Miloud, el chofer, que buscara en los mejores mercados, cerca del mar, y que me trajera las mejores almejas y mejillones, las gambas más grandes, calamares, pescado, conejo y diversos vegetales. También le pedí aceite de oliva, arroz bomba y, la especia más importante, hebras de azafrán. Cociné mientras dormía y la desperté cuando el banquete estaba servido."

"Estoy seguro de que estaba hambrienta y loca por comer, ¿No?" le pregunté. "¿Cenasteis frente al fuego?"

"Llevé una mesa allí," me dijo. "La puse con platos de lujo y manteles de lino, un buen vino y pan. Al principio, comía ella muy rápido, pero después comenzó a disfrutar de la comida y me sonreía."

"¿Y qué me espera esta velada?" le preguntó ella, "¿seré despojada y ultrajada por un pícaro y guapo Aladino? ¿O Ali Baba y sus cuarenta ladrones? ¿Me secuestrará un vicioso califa y tendrás que comenzar una odisea para rescatarme? ¿O se resbalará y caerá esta mansión al océano, y tendremos que aventurarnos por los violentos mares, buscando un oasis isleño idílico? ¡Venga, que comience la aventura! Ya he aprendido. Hoy estoy preparada para lo que sea."

"Por fin estamos juntos," le dijo él, "somos dueños de nuestro destino. Dos matadores que esperan una nueva expedición cada día. Lo que sea que nos pase por la mente. Pero ya hemos tenido suficiente aventura por hoy."

"Tienes razón, somos afortunados de estar vivos aún," se mofó ella. "¿No querías pasión? ¡Me hiciste subir por una montaña en la que podía haber muerto! Tenía un cuchillo. ¡Podía matarte si hubiese querido!"

"Pensé en ello, pero supe que no lo harías porque te quedarías sola," dijo él, "y aun no ha llegado la noche. ¡Lo que nos queda va a ser glorioso! Levantó la copa. '¡Brindemos por ello!'"

"¡Claro que sí!" dijo ella levantando su copa. "¡Por un día tan maravilloso!"

Chocaron sus copas y se besaron. Un rato después, Antonio no podía parar de reír.

"Que gracia me hacía ayer tu cara. ¡Aún puedo ver la mirada asesina que me dabas mientras subíamos la montaña!" dijo burlonamente, "cuando empezó a llover y nos empapábamos todos. Nunca he visto tantas ganas de matar a un hombre, ni si quiera en la expresión de los toros a los que me he enfrentado."

"Estaba furiosa, debo admitir" sonrió, "hasta que resbalaste y caíste, deslizándote cuesta abajo y llenándote de fango. Tenía miedo de que no pudieses levantarte, pero cuando lo hiciste, no podía parar de reír. Eras tú el que estabas enfadado."

"No me resbalé," insistió. "Tú me empujaste. Mientras recogía lo que se había caído de la bolsa, me pateaste por detrás para que cayera por la montaña."

"No es verdad," rió ella. "Yo misma me resbalé y para no caer me sujeté de ti. Pensé que no te importaría ya que dices amarme tanto."

"Aun así le ganamos a la lluvia y a la montaña," mencionó él. "Por eso nuestro matrimonio será fuerte y duradero. Tuvimos nuestros momentos de enfado y nuestros retos, pero al final llegamos a la cima levándonos uno al otro, escalamos cada paso en armonía unísona. En lo que nos queda de vida no debemos olvidar que hemos enfrentado la adversidad como una sola persona y hemos triunfado."

"Es nuestra segunda noche de bodas," dijo ella. "¿Qué quieres hacer?"

"Lo mejor será regresar hoy a Madrid, donde has nacido," contestó él. "Si quiero ser un buen marido debemos empezar nuestra vida allí."

"Estamos en Casablanca, en Mano de Dios," le refutó ella. "Mañana, voy a ver la mano de Dios. Si quieres volar a Madrid, ve. Pero yo me quedo."

"Pues entonces yo también. Me quedaré junto a mi esposa," dijo. "Aun así me llevaras a Madrid esta noche, con la voz de tus recuerdos. Esta noche quiero acostarme a tu lado, tenerte muy cerca y escuchar tu voz."

"¿Eso es lo que quería hacer en su segunda noche de bodas, señor?" le pregunté. "¿Escuchar su voz?"

"Una mujer no es nuca lo que ves de ella, Morisco," me contestó. "Es más lo que no ves. Es lo que ha vivido, lo que ha sentido. Siempre ha tenido en su vida felicidad y tristeza, alegría y dolor. Para entender a una mujer debes reconocer lo que la hace sentir, ya sea miedo o soledad, falta de amor o enfado, desprecio o celos. Puede que se sienta mal porque no es necesaria, nadie la escucha o nadie la entiende. También están las cicatrices internas.

Algunas grandes, otras pequeñas, algunas se han curado y otras aún supuran. De todo ello es que están hechos su corazón, su mente y su alma"

"¿Cómo puede hacer un hombre para que una mujer comparta todas esas cosas con él?" pensé en voz alta. "Algunas son muy personales, otras dolorosas y otras enterradas en un lugar profundo desde hace mucho tiempo."

"No se le puede obligar a compartir," dijo. "Un hombre sólo puede hacerla sentir segura, no juzgarla y ofrecerle todo su amor. Entonces él pregunta con sinceridad y la escucha atentamente. Con tiempo y con paciencia, abrirá su corazón y su mente y ambos sentirán una conexión muy cercana, un vínculo de por vida."

"¿Isabel compartió sus cosas con usted esa noche?" pregunté.

"Me abracé a ella mientras me contaba algunas cosas, con timidez," suspiró. "Primero me decía cosas superficiales, pero al hablar y sentir que yo estaba interesado en lo que decía, se fue soltando y empezó a compartir experiencias más importantes, secretos que tenía bien guardados. Comenzó con los asuntos que la desconcertaban y continuó con sus recuerdos más profundos— de cómo su padre le rompió el brazo mientras la golpeaba, de su familia que se quedó sin hogar por una temporada y tenían que pedir limosnas en la calle, de cómo fue violada cuando tenía catorce años por un maestro al que tenía mucha confianza, que fue obligada a casarse con quince años con un tío anciano e indecente sólo por un mes de alquiler y cómo se fugó de él. También me contó lo difícil que se le hizo obtener una educación, perdonarse a sí misma y respetarse. ¡Cómo lloró esa noche! Rogaba por una vida al fin en paz, por que terminara su patética vida. Decía que no merecía el amor y que no se lo había ganado. Quería sentir que valía algo y que alguien la entendiera. Mientras caían lágrimas y más lágrimas yo también lloraba, mientras se le rompía el corazón, también se rompía el mío."

Miraba como se encogía el señor, como se derretía su cara mientras les lágrimas caían por su cara y yo no pude retener las mías.

"Se habían ido los cuernos," me dijo, "no había muleta, ni arena por ninguna parte, ni acero, ni gritos de la muchedumbre, la ceremonia no importaba en ese momento, no había matador ni toro en nuestro abrazo. El único significado de nuestro afecto era el de dos corazones que latían juntos, llenos de amor, ambiciones y esperanza en una vida por vivir. Cuando ya no podíamos llorar más, rezamos. Suplicamos piedad y por la bendición del dios de los cielos y del mar. Y acostados allí, nos dormimos abrazados, acurrucados toda la noche."

El señor bebió lo que quedaba de oporto en su copa.

"Lo supe desde el instante que nos tocamos," continuó, "pero esa noche fue un hechizo de alquimia, nuestra segunda noche de novios. Al despertar el día siguiente, supimos que nuestra vida sería una de gran aventura, sin límites impuestos, excepto el amarnos en esta vida y en todas las que le siguen."

Me sonrió y me guiñó el ojo.

"¡El sol brillaba sobre un cielo azul!" me contó. "Desayunamos muy temprano y nos aventuramos una vez más en la montaña para recuperar las cosas que se nos habían caído la tarde anterior. Encontramos la mayoría, pero lo más divertido fue la aventura. Comimos junto a la playa y luego nos dimos un chapuzón que disfrutamos como niños, jugando con las olas y la espuma. Escribimos nuestros deseos más secretos en la arena, y cuando caía el sol, regresamos a la villa andando otra vez.

"¿Era vuestro tercer día?" le pedí confirmación. "Al fin y al cabo ¿llegaron a ver la puesta del sol desde la terraza?"

"Fue maravilloso, Morisco," me dijo asintiendo. "Estar allí sentado con ella, solos, frente al sol brillante, para verlo desaparecer por la línea del horizonte. ¡En toda mi vida nunca había visto tanto brillo ni tanta gloria como la que vi ese día! Nos quitamos los zapatos, tomé la mano de Isabel y nos acercamos, pegando nuestras caras. ¡Fue en ese momento que, al girarlas un poco, logramos ver por el rabillo del ojo, la mano de Dios! Se veía claramente, pero cuando, perplejos, nos giramos hacia ella, para verla fijamente, ya no estaba. Nos quedamos en silencio, mudos, no eran necesarias las palabras. Habíamos visto la mano de Dios y desde ese momento la mano de Dios estaría en nuestras vidas. La podíamos sentir, guiándonos, haciendo camino para nosotros. Desde ese momento, Isabel Zamora Castañeda y Antonio Castañeda de Castilla estarían unidos como marido y mujer. Fue un día maravilloso."

"¡Pero ya no eras Antonio!" le interrumpí. ¡Eras Fernando!"

"Dos matrimonios," contestó él. "Uno delante del hombre y el otro delante de Dios, que hacía muchos años había escrito los votos matrimoniales en nuestros corazones, en secreto. Mirando por encima del horizonte sabíamos que desde ese momento estábamos casados ante Dios, y que no lo habíamos estado todavía. Suspiras como si no creyeras, Morisco. ¿Hace sentido para ti lo que te digo?" "No lo sé. ¡La mano de Dios!" reí. "No tengo tu fe. Y aunque creyera que existe un dios, imagino que sería invisible para nosotros. ¡Nadie podría ver la mano de Dios!" "¡Pero está en todas partes!" suspiró. "Puedes ver la mano de Dios con tu corazón. Pero sólo si tu corazón ha aprendido a entender que la vista va más allá de lo que se ve. ¡Isabel y yo tuvimos una vida esplendida! Teníamos amor y abundancia, viajábamos y teníamos aventuras. Sentimos un terremoto de los que producen los ñúes en Tanzania, la caliente respiración de los bosques escondidos del Marañón. Bebimos pócimas de peyote con los chamanes comanches en ceremonias ancestrales, pasamos un mes comiendo ballenas y focas con esquimales y nos pusimos muy gordos. Hicimos el camino de Santiago y también un peregrinaje a Roma y luego otro a Tierra Santa. Bailamos con los Zulus y aprendimos los pasos kuchipundi en la India.

"Visitamos castillos, cenamos con princesas, reyes y presidentes. Tuvimos una cena con el Sumo Pontífice en nuestra casa, ¡en esta misma casa! Nos bañamos en el río Nilo, el Zambeze, Misisipi, el Volga, el Yangtsé y el Amazonas. Viajamos a los confines más recónditos de la Tierra. Comimos todas las cosas que se pueden comer y bebimos más de mil botellas de vino. Subimos a la cima de las montañas más altas y buceamos bajo las cuevas de los mares más profundos. Le dimos vida a la imaginación y pasión a los días ordinarios. A todos sitios que íbamos, si contemplábamos con paciencia, veíamos allí la mano de Dios."

"Qué vida más privilegiada ha vivido señor," le dije. "Si yo pudiera vivir una vida como la que usted ha vivido, tal vez vería también la mano de Dios."

"No has entendido, Morisco," tuvo que diferir. "Ves las cosas al revés. Es la mano de Dios la que hace posible una vida como esa. Debes creer."

"Quizás," dije moviendo la cabeza hacia un lado. "Ya era tu tercera noche de bodas, y sólo estuvieron en la villa tres días. La primera noche, como me has contado, exploraste su cuerpo, y en la segunda exploraste su mente. ¿Qué hicieron en la tercera noche?"

"La tercera noche fue perfecta," sonrió. "Otra vez le preparé un baño, con flores, especias, vino, velas y una música suave. Esta vez me metí en la bañera detrás de ella, abrazándola por la espalda. El agua estaba caliente, chorreaba por la esponja *lufah* que usé para frotar su espalda y estimular su cuello. Dejé que el agua cayera sobre su pelo para masajear su cuero cabelludo, sus cejas, cachetes y su barbilla. Deslicé la esponja por sus hombros, luego por su pecho y por su estomago. Besé el lugar especial que tenía tras su cuello y luego me levanté y salí de la bañera. 'Ven a la cama y déjame darte placer,' le dije. Cuando llegó a la cama, la besé mil veces en sitios al azar, contando cada uno en voz alta para crear expectativa. Y por último besé su flor, llena de néctar, toda húmeda en su alrededor, y que se abrió delante de mis ojos."

Cuando Luis volvió a entrar al salón, el maestro y yo dejamos sobre la mesa nuestras copas vacías. Ofreció servir coñac, pero el señor le pidió que regresara luego. Y se volvió hacia mí.

"¿Alguna vez has examinado una flor con cautela, Morisco?" me preguntó.

"Por supuesto," contesté, sin darme cuenta de lo que en realidad quería decir.

"Me refiero a la flor de una mujer," continuó. "Si nunca te has tomado el tiempo para examinarla detenidamente, de cerca, con todos tus sentidos, entonces no puedes apreciar su naturaleza y belleza en el momento de florecer."

"¿Y usted la entendió en ese momento, señor, la naturaleza y la belleza de la flor?" le pregunté.

"Esta flor es la parte más vulnerable, a la vez poderosa y más hermosa de una mujer," contestó. "Y aun así es su parte más privada. Si ella es indiscriminada puede volverla fétida. Si florece por amor, saldrá de ella la fragancia más pura. La flor es suave y delicada, seductora—la fuente de su atracción, sexual o platónica. Si la mujer o el hombre no atienden las necesidades de la flor, nunca florecerá, y si ya ha florecido, se marchitará."

"¿Y qué es lo que necesita la flor?" pregunté otra vez.

"Hay que prestar atención a los detalles," dijo, "conocer bien la flor, íntimamente: sus colores, la forma, anatomía, reacciones—no hay dos flores iguales—también hay que interesarse también por los suaves y exquisitos pétalos, el pequeño y sensible estigma, escondido entre ellos y el dulce y jugoso néctar. Para ello hay que posarse sobre ella con la gracia y suavidad de una mariposa, la agilidad y determinación de una abeja, el intelecto y la receptividad de un picaflor. Así, visité esa noche la flor de Isabel y fui recompensado con su ambrosia, el néctar más selecto. Me quedé sobre ella un buen rato, planeé sobre ella como una abeja cerca de una hora y luego exploré sus lugares más secretos, en donde se esconde el placer, todos los sitios que había descubierto dos días antes.

"Ah, al final todo baile tiene que terminar, llega la hora que la oponente está sometida, cuando la orquídea se prepara a recibir y se abre invitadora, cuando su voluntad se rinde a la tuya. Ese es el instante donde se encuentran los opuestos: lo áspero y suave, lo fuerte y gentil, presión y alivio, salvaje y dócil, cazador y presa, hambruna y gula, poderío y debilidad, restricción y abandono, control y desenfreno. Después de tanto esperar, Isabel era mía. Finalmente era mi esposa, residiendo en mi cama, sus pétalos rebosantes y colmados de color, estaba lista para recibir todo el regalo que me tocaba darle.

Cerró sus ojos por un momento, recordando.

"Al fin, la lenta y sensual fusión de dos cuerpos, la penetración de la firme espada en la suave y lubricada vaina— deslizándose lenta, muy lentamente. La introducción, constante y gentil que luego de un prolongado tiempo de placer da lugar a un ritmo más acelerado y agresivo, acompasado por la música de fondo. El tempo de la excitación se aceleraba, más allá del *crecendo*, el *pianoforte*, cada vez con más pasión hasta que los platillos chocaron y sonaron los tambores, cada vez más fuertes en harmonía con nuestra respiración.

Algunos suspiros y cambio de movimiento, otras notas, otra clave. Un compás más rápido aun, una sensual sonata al borde del éxtasis. Después, una sucesión de cuatro y cinco compases. Ya para entonces nuestros cuerpos unidos, formaban uno sólo, que bailaba con ritmo e intensidad. Fundidos de manera que no podíamos distinguir donde terminaba uno y comenzaba el otro. ¡Y un sexto y un séptimo compás! Esa noche, Morisco, a diferencia de lo que puedas creer, no consumamos nuestro matrimonio, consumamos nuestro amor... nuestros corazones."

Se dio tres golpes en el pecho.

"Los corazones."

Tercio de Muerte

Luis el mayordomo regresó al salón y ceremoniosamente llenó tres copas barrigonas con Remy Martin Louis XIII, hasta la mitad.

"¿Qué hora es, Morisco?" me preguntó el señor Castañeda.

"Es la una de la madrugada," dije, bostezando inintencionadamente. "No crea que estoy cansado, señor. De hecho, me gustaría oír más."

Miré hacia la puerta, por la que salía Luis en ese momento, y luego a las tres copas de coñac.

"¿Luis va a beber coñac con nosotros?" pregunté. "¿Por qué sirvió tres copas?"

"Tres copas," repitió el anciano sonriendo, a la vez que tomaba la que tenía más cerca. "Una para mí, otra para ti y la tercera para el ángel."

"¿El ángel?" dije escondiendo mi risa. "¿Qué ángel?"

"El Ángel de la Muerte," insistió. "Siempre sirvo un poco para él. Cuando uno es matador, pasa mucho tiempo en compañía del ángel. Si hay fortuna, lo puedes llegar a conocer. Guía el destino de las personas especiales cuando les ha llegado la hora, les hace compañía en el viaje al más allá."

"¿La Parca?" pregunté. "¿Sirves coñac a la Parca? ¿Alucinas?"

"¡La Parca no existe!" suspiró, disgustado. "Es un concepto muy tonto inventado por el hombre. El ángel al que yo me refiero viene de parte de Dios. Su misión es bondadosa y piadosa. Hace lo mismo que la Parca por lo que su aspecto debe inspirar respeto. Pero no está entre nosotros para llevarnos, como creen algunas mentes ignorantes, sino para hacer de nuestra transición una más placentera."

"¿Y crees que has visto ese ángel?" le pregunté. "¿Cómo es?"

"Bueno, algunas veces parece muy alto, pero no siempre," contestó. "Su toga es de seda negra y sus alas son negras también y las mantiene cerradas. Pero cuando las abre, ocupan todo el espacio. Su rostro es una calavera, sin expresión, sin edad, no tiene legua, así que no habla. Aun así, su mera presencia trae paz a los que lo ven y también a los que no creen en él."

"¿Y se bebe el coñac que le sirves?" me pregunté en voz alta.

"Es sólo una ofrenda, en su honor," explicó. "Creo que de alguna forma, se bebe sólo el alcohol, pero puede que sea sólo mi imaginación. Cuando termina la noche, y sale el sol, lo tiro en la hierba, en el jardín."

"¿Tiene nombre este ángel del que hablas?" pregunté.

"El nombre no es lo que importa," suspiró. "Este ángel no busca la fama, su única misión es ayudar a la gente. Algunos le llaman *Miguel* otros *Azrael, Samuel* o *Mariya*, pero eso no es importante. Él siempre va a estar ahí cuando haya llegado nuestro momento, para hacer la transición menos dolorosa."

El señor tomó un sorbo de coñac.

"Me miras de forma burlona, pero sé que no intentas burlarte de mí. ¿Crees en el Ángel de la muerte, Morisco?" soltó.

"En realidad no," tuve que admitir, avergonzado. "Soy un hombre práctico, no creo en esas cosas."

"¿Crees en cosas invisibles, que no se ven? ¿Crees que existen?" me preguntó. "¿Crees en un espíritu homólogo a todo lo existente?"

"No, no creo en esas cosas," le contesté. "Tampoco dejo de creer. Solamente no estoy convencido. Es ángel del que hablas ¿lo ves en tu mente?"

"No en mi mente," me dijo, "con mi mente. Mi mente es mi lado espiritual. Y con una perspectiva espiritual cualquiera puede entender los elementos espirituales que Dios ha querido que entendamos."

"¿Y cómo se puede ver con el espíritu?" le pregunté. "¿Cómo se aprende a ver con la mente? ¿Puede aprenderse?"

"¡Qué pregunta más superflua!" dijo riéndose. "¡No se puede aprender algo que ya sabes! ¿Cómo es que se logra ver de esa forma? La respuesta no es muy compleja. Simplemente cierra los ojos."

Tomé un sorbo de la copa que tenía delante. ¡Viscoso y a la vez suave! El coñac se quedó por un momento en mi garganta. Cerré los ojos, busqué, pero no vi nada y luego volví a mirar al maestro.

"Cuando por fin te casaste con Isabel ¿volviste a torear?" dije, redirigiendo la conversación.

"¡Por supuesto!" exclamó. "Un año más, en España y en México, en Argentina, en Francia y en todos los países que visitamos. Allí estaba el sol, en lo alto, brillando sobre mí. Mi esposa estaba allí siempre, también."

Tomó una pausa, como si hubiese recordado algo de repente.

"Y enfrenté un toro al que llamaron Pesar. Era diferente a todos los demás que había toreado. Era tan grande como una catedral, enorme, blanco, antinatura. Sus cuernos salían de su frente hacia delante y eran muy, muy largos, sus ojos eran rojos y venía de un linaje que me había jurado venganza. Irónicamente, durante el brindis, dediqué el toro al alma de mi hermano, Antonio, que era por supuesto, mi propia alma, que se sentía culpable.

"El toro salió, acelerado, y se plantó frente a mí," mencionó el señor, "no se movía, ni parecía tener la intención. Miré sus ojos, dentro de ellos, que al no tener color, no ponían una barrera de por medio, entre el hombre y la bestia. Hasta ese momento, nunca hubiese imaginado que un toro tuviese alma, es posible que este toro tampoco tendría. Pero, Morisco, te juro que ese día vi un alma, y peor, el alma de mi difunto hermano, Fernando. Lo vi en sus ojos, rojos y brillantes. Puedes preguntarme a dónde había ido mi sentido común, pero aun así creo que vi la esencia de mi hermano en sus ojos."

"¿Y te enfrentaste a él?" le pregunté.

"Naturalmente estaba asustado por el toro," dijo. "¡Pensar que miraba directo al alma de Fernando! Y recordar que había roto dos veces el juramento que le hice. Prometí nunca revelar lo que habíamos hecho, el día que intercambiamos de lugar. Lo juré por su alma y por el espíritu de nuestro padre. Prometí no compartir con nadie nuestro secreto, hasta que me hiciera una visita el Ángel de la muerte.

"Pero dos veces lo había traicionado. La primera vez fue a Verónica, admití que no era Fernando, el día que se enfadó conmigo y me apuñaló en el pecho. Y luego a Isabel—le revelé todos los detalles, todos nuestros secretos, en nuestra segunda noche de bodas. Doce años habían pasado, pero no me daba cuenta de que ya no importaba. Una promesa sin cumplir, un padre y un hermano traicionados. No podía dejar de pensar, que el toro fue enviado para castigarme. Que buscaba venganza por mi juramento no cumplido.

"Bajé la guardia, preparado para la cornada que me propinaría, este toro tan salvaje. Pero cuando vi el rostro de Isabel, sentada en medio de la audiencia, recordé que le había jurado, que nunca me vería morir, que el destino la llevaría primero a ella. El toro era inteligente, fuerte, de mirada potente, pero el destino para mí estaba presente. Y siempre que parecía que el toro me llevaba ventaja, el ángel se ponía de por medio. Finalmente, la energía del toro disminuía, se veía por primera vez cansado. Con paciencia y con cuidado, cambié la espada por la de metal, y me preparé para matar.

"Derrotado y decepcionado, Pesar levantó la cabeza, y me miró a los ojos, y entonces me convencí, de que los cielos habían tomado partido. Con el espíritu de Fernando como adversario, entendí el juicio que se me había preparado. El destino me pedía, que hiciera la estocada en el corazón de mi hermano, para que apreciara de una vez, la gravedad de las promesas incumplidas. Miré hacia arriba con esperanza, y esperé respuesta del Presidente y de la muchedumbre. Deseaba que se compadecieran por un toro tan valiente, pero no se apoderó de ellos la misericordia. La plaza se quedó en silencio y mi atención se volvió a Pesar, parado frente a mí, tambaleante. Una vez más, en sus ojos veía los de Fernando.

"Vacilé por un momento, luego embestí, como había hecho más de mil veces en mi vida. Perpendicular a mí—Pesar se echó hacia delante en el instante en que hinqué la espada, así que no la enterré en su corazón. La estocada atravesó su pulmón y le causó gran dolor. Cayó sobre sus rodillas, tosiendo, sangrando por boca y nariz. Sangre de color rojo brillante goteaba mientras intentaba levantarse. Cayó de lado, sus piernas convulsaban. Jadeaba, se ahogaba con su propia sangre, que salía a borbotones por su nariz, haciendo difícil la respiración. El público observaba mi fallo. El público pitaba, silbaba con desaprobación por haber fallado la estocada.

"Al contrario de lo que podrían pensar algunos americanos ignorantes, los espectadores en Andalucía y en España no soportan ver a un toro sufrir por mucho rato. El presidente se levantó preocupado, y pidió que se diera muerte al toro urgentemente. Así que tomé una segunda espada, que llamamos verdugo, y efectué un *descabello*, cortando la médula espinal, para salvar al toro del dolor y de la vida. Y cuando al fin se moría, suspiró con fuerza y pareció susurrar mi nombre. El sonido fue muy extraño e inquietantemente familiar. Aun después de tantos años, juraría ante cualquiera que lo que escuché fue la voz de mi hermano Fernando diciendo mi nombre."

"Estaba tan conmovido y lleno de culpa," dijo, "que tomé en seguida la espada para cortar la coleta. Con la misma espada, corté la cola de mi cabello. Fue la señal que envié a la muchedumbre de que me retiraba de las corridas. Y no he vuelto a torear desde ese día."

"¡Son muchas cosas señor!" dije. "Muchas cosas que creer, la mano de Dios en Casablanca, el Ángel de la muerte que bebe el alcohol del coñac en las noches, y ahora el espíritu de su hermano en un toro. ¿Me puede explicar?"

"No hay nada de raro en todas esas cosas, Morisco," rió. "Cuando miras atrás ochentaisiete años, y ves que los has vivido al máximo, cualquier persona tiene problemas para que la entiendan. He aprendido mucho. Cuando se es joven se piensa sólo en lo físico, nuestras necesidades, ambiciones y deseos, nuestra percepción del mundo que nos rodea, todo es físico. ¡Pero cómo cambia cuando crecemos! Si se tiene la suerte de durar hasta que se llega a la edad de la sabiduría, progresamos lentamente desde nuestro cuerpo hacia nuestra mente, de la ignorancia de la carne al entendimiento espiritual."

El maestro se echó hacia delante, para acercarse al fuego de la chimenea, que en ese momento cobraba más vida con los troncos nuevos que añadía Luis.

"Mira, la madera en la chimenea empieza siendo un objeto físico," dijo él, "pero la vida, representada por el fuego, transforma lo físico en espiritual, y todo lo que queda es la ceniza, el residuo. Es un proceso totalmente natural. ¿Y a dónde va la madera al fin y al cabo? Se ha convertido en espíritu, mientras provee luz y calor, mientras nos deja su legado. Por ahora, debo permanecer dentro de este caparazón, frágil y sin substancia, dándote mi luz, pero pronto mi espíritu será libre de él.

"Si eres afortunado, Morisco, y le pides a Dios entendimiento, como hice yo, es posible que te conceda la capacidad de ver las cosas espirituales de la vida. Pero tienes razón. No todo el mundo tiene esa capacidad. Es una bendición que debe ser fruto del esfuerzo y valorada como el regalo más preciado."

Movió su cabeza arrepentido, recordando.

"Mi hijo José era todo lo contrario," suspiró. "No creía, pero además, desdeñaba lo espiritual. Para él no existía ningún dios, ningún bien, ni una fuerza mayor, la desigualdad, ni el pecado, así que no tenía necesidad de perdón. Desde que era pequeño pude observar que sólo le importaban las cosas físicas, igual que los toros que enfrentaba—salvaje, agresivo, con la sangre tan caliente que algunas veces su cerebro olvidaba el sentido común. Era todo pasión, sin pensamiento, sin fuerza ni disciplina, sin inteligencia ni razonamiento. Intentaba hablar con él, ayudarle a entender que la llama de la vida gradualmente se transformaría de física a espiritual. Le dije que el hombre que no entiende ese cambio tendría una corta vida, una existencia ignorante hasta el día de su muerte."

El tronco que acababa de poner Luis hizo un fuerte chasquido e hizo un silbido por algunos segundos, soltando el vapor de alguna cavidad interna, todavía verde y húmeda. Luis regresó al salón a darle varios golpes con una vara de metal, haciendo que se encendiera aun más el fuego, que cobró un color naranja vivo. Parecía rugir.

"Cuando José pasó de ser niño a hombre," continué con la conversación, "¿se convirtió en un gran torero, como quería desde que era niño? ¿En un maestro como su padre, o como su 'tío'?"

"Cuando me retiré," me contó, "cada torero, desde España hasta Argentina, tuvo algo que decir, algunos para elogiar y otros para denigrar el nombre de Fernando Castañeda de Castilla, pero todos querían el manto que había dejado sobre el ruedo, al que había renunciado. Querían ser considerados el mejor torero vivo, el matador favorito en todo el mundo."

Señaló el retrato de un torero joven y orgulloso vestido con un esplendido traje de luces, dorado y azul marino. Su mano derecha se posaba sobre su cadera y la izquierda sujetaba la espada, su cabeza se echaba hacia atrás con arrogancia. Su montera caía sobre un lado de su cabeza. Un retrato muy bien hecho, pero aun así parecía un niño vestido de hombre.

"José era más joven que todos ellos," dijo. "Tenía dieciocho o diecinueve años cuando la mayoría de los toreros importantes de España tenían lo mismo, en años de experiencia. Algunos eran buenos y otros solamente eran muy famosos, pero José tenía una intensidad que no era normal. Cuando el toro salía al ruedo, José se abalanzaba con tal ferocidad que algunos de los toros más bravos, al sentir su pasión, se escondían en la sombra para evitarlo. Siempre terminaba las corridas con una muerte limpia y decisiva, que lo convirtió en el favorito del público.

"Ser una matador, es vivir y respirar una vida de pasión," continuó, con los ojos cerrados. "Arriesgarse a una muerte dolorosa y temprana en la arena, a no tener una larga y lamentable vida. Sacrificarse por la aventura, por el gozo de una existencia que pocos llegan a tener. Morir con la sangre caliente, con el corazón saliéndose del pecho, el deseo carnal satisfecho. Dominar tu propio destino en lugar de envejecer en mediocridad, sin probar la gloria, aferrado a una vida sin substancia, esperando al ángel, ¡para morir en la cama! ¡No merece la pena vivir de otra manera, sólo siendo matador!"

Empecé a decir algo pero él no había terminado su pensamiento.

"No vale la pena morir de otro modo, la única forma es morir en la arena," suspiró, levantando los ojos para mirarme.

"A José le tomó seis años convertirse en el matador favorito," dijo. "Los demás eran buenos, no hay duda, pero no se arriesgaban. Alentaban a su equipo a torturar los toros más allá de lo normal, las corridas no eran justas, el matador tenía muchas oportunidades de ganar. Aun con su juventud, yo era testigo de que José no sentía miedo. Tomaba riesgos que ningún matador se atrevería a tomar. Toreaba a las bestias más peligrosas para que sus corridas fueran esplendidas y espectaculares. Yo bailaba con los toros, pero él los abrazaba. Los acercaba a su cuerpo, le llamaban el Amante."

"¿Fue tu hijo mejor matador que tú?" le pregunté.

"No sé qué decir," contestó. "Su modo de vivir era muy distinto al mío. Si yo conocí mil mujeres en mi tiempo, mi hijo José tuvo en su cama diez mil chicas, y nunca quiso a ninguna, nunca le importaron. Por cada victoria, las chavalas le caían encima y él le hacía hueco a cada una de ellas. Les dedicaba tiempo a todas, a las altas y las bajitas, las hermosas y las menos agraciadas, las inteligentes y las tontas, desde España hasta Ecuador, de Oriente a África. Entre sus amantes y sus esposas tuvo muchos hijos, imposibles de contar, pero estoy seguro de que tengo al menos cien nietos esparcidos por el mundo."

"¡Tantos!" exclamé sorprendido. "¿Conoces alguno?"

"¿Qué si conozco alguno?" suspiró. "No, Morisco, y creo que José tampoco. ¿Pero un toro, llega a conocer a sus hijos? ¿Le importa a una bestia lo que es de ellos? José se aferraba a lo físico, la sangre y la lujuria, negaba todo lo que no pudiese ver, así que para él esos niños no existían. Si no los conocía, no le importaban."

"Se me hace difícil pensar que era su hijo, señor" dije. "Lo veo a él del mismo modo que Fernando lo veía a usted. ¿Qué le hacía diferente de los toros que enfrentaba? ¿Era un hombre toreando o una bestia que tiene una riña con otra?"

"Lo que eleva a un hombre," contestó, "es su capacidad de transformar lo físico en espiritual. Y tienes razón—cuando yo era joven me comportaba como José, y también pensaba como él. Pero cuando el fuego se fue consumiendo me trasformé, pasé de ser une bestia carnal a un hombre espiritual. Es la llama de la vida la que nos cambia. José nunca llegó a cambiar."

"¿A qué te refieres?" le pregunté.

"Hablé con él seriamente del tema en muchas ocasiones," dijo. "Pero menospreciaba y ridiculizaba lo que le decía. Le conté que la transformación era un proceso natural, que sucedía en la vida de cada hombre—que debía dejar quemar el fuego, pero no me hacía caso. Intentó soplarlo, para que ardiera más aun. Y se volvió contra mí."

"¿Y por qué razón debo escucharte? Eres un fracaso," le gritó José. "Te retiraste humillado, en la desgracia: un matador que perdió su lanza. Tu nombre es una vergüenza para la familia. ¡Debiste haber muerto en la arena ese día! Mataste ese toro, al que llamaron Pesar, pero él te derrotó y manchó tu nombre, y el apellido Castañeda."

"Mi nombre será recordado más allá de ese combate," contesto el señor, "y mi memoria más allá de esta vida. Y cuando todo haya sido dicho, seré recordado por estar dispuesto a crecer, a aprender y sentir compasión. Mi llama será una vigía que moverá a las mentes de fe a buscar más allá de lo físico, que crea en la iluminación. Si continúas siendo una bestia, José, morirás como una bestia, no como un hombre, tu historia y vida indigna de monumento o remembranza."

"¿Qué bien puede hacer tu memoria, papá, cuando ya estás muerto?" replicó José. "No me interesa ser recordado por los tontos que me veían en el ruedo, pero no tenían las agallas de vivir por ellos mismos. No merecen la pena. Vivo sólo para disfrutar la emoción que produce matar toros y celebrarlo con mujeres cada noche. Mi vida está pasando aquí y ahora. No me interesa que se publique en un libro. Cuando muera, el mundo terminará para mí."

"Esta vida no es ni la sombra de otra más grande," continuó el señor. "Para el hombre espiritual, el caparazón se deja atrás y la vida continúa en la memoria de Dios. Pero para el que no es espiritual, el caparazón es sólo polvo, que se lleva el viento. No hay vida más allá. Ha tenido una vida vacía." "Además no estás pensando en Antonio, mi difunto tío," volvió a hablar José. "Él nunca tuvo una vida espiritual, y fue el mejor torero que haya vivido. Su pensamiento y su manera de ser, todo físico. Yo soy como él. ¿Murió como bestia o como hombre? ¿Tuvo una vida vacía?"

"No sabes lo difícil que se me hizo responderle," me dijo el maestro mientras yo escribía cada detalle. "Hacía muchos años que quería decirle a José que era yo su padre y que soy Antonio. Para eso, tendría que haberle dicho que fue concebido en la lujuria y en el pecado y no dentro de un matrimonio. Cómo su madre pasó conmigo una semana en la cama y luego se casó con mi hermano. Tendría que haberle dicho que el hombre del que ha estado arrepentido todo este tiempo de que fuera su padre era en realidad su tío, y que el hombre que tanto admiraba y respetaba como un tío era yo mismo, su padre. Tendría que decirle que era el único hijo de Antonio Castañeda de Castilla. ¡Como si no fuese suficiente!"

"Entiendo," dije. "Pero no lo podías dejar ahí."

"¡Definitivamente no!" estuvo de acuerdo. "Entonces tendría que contarle sobre el día que cambió nuestras vidas, la de Fernando, la mía. De nuestra discusión, sobre la mejor solución, ser matador con la piel o ser matador de razón. Cómo cambiamos de lugar, sólo por un día y en la tarde fue Fernando, y no yo, el que enfrentó a Muerte. Fue Fernando el que toreó la corrida más grande de todos los tiempos. Fue Fernando el que murió en la arena ese día.

"Y nunca le dije a José, ni a nadie," dijo, "y por eso cuando me preguntó si Antonio había vivido una vida de vanidad le dije 'no lo hizo, pero su muerte sí fue en vanidad.'"

"Me encantaría morir en vano, sí sólo fuera en el ruedo," se mantuvo José en su afirmación. "Vivo del pensamiento de que algún día moriré sobre la arena, luego de tener un combate perfecto, y que el mundo me mire con sentimiento. ¿Cómo que tuvo una vida vacía? Aún recuerdo el funeral de mi tío en la televisión. Tuvo una muerte privilegiada, murió en su mejor día. Y aun así la llamas una vida vacía, su vida me ha inspirado a mí. ¿Qué otra opción hay? Vivir tanto tiempo que te quedes atrapado en la precariedad de la vejez. ¿Morir en la cama? ¿Qué beneficio trae eso? ¡No hay pasión! ¡Le pido al destino que me dé una vida corta y llena de gloria! Al final, todo está vacío."

"Al escuchar sus palabras, bien dichas y bien escogidas," dijo el señor pensativo, "me di cuenta de que aunque mi hijo me contradecía y aunque no se daba cuenta, el fuego lo estaba transformando. No quise seguirle discutiendo."

"¿Tuvo una larga carrera?" pregunté.

"Ah, enfrentó tantos toros, y tuvo gloriosas victorias," dijo el maestro, "porque no tenía miedo a morir. Le daba la bienvenida a la muerte, parecía invitar a la tragedia. Le daba la espalda a los toros que corrían hacia él y se echaba hacia un lado justo antes del momento en que se lo llevaría el furioso animal enredado en sus cuernos. Corrió demasiados riesgos, riesgos exorbitantes. ¿Pero gloria? ¡Siempre tenía su final espectacular, con gritos y aplausos! ¡Nunca ha vivido un matador más excitante! Aun así, el destino respondió a sus ruegos a sus tres años de carrera. ¡Una vida corta y llena de gloria!"

"¿Tres años?" pregunté perplejo. "¿Qué le pasó?"

"Tuvo que enfrentar un toro que era toda una fiera," empezó a contarme. "Se llamaba Némesis. No era el toro más fuerte, ni el más inteligente que José hubiese enfrentado, pero parecía haber sido creado para el momento en que tuviese que ponerse frente a mi hijo. Le advertí antes del combate. Le avisé del toro que tendría que enfrentar y del linaje del que venía, que nos la tenía jurada. Desde que mi padre toreaba en los campos, ese linaje nos había perseguido. Habían dejado lisiado a mi padre y habían matado a mi hermano delante de mis propios ojos. ¡Diablo venía de ahí!

"Y desde el principio ese toro hacía lo opuesto de lo que José esperaba de él. Cuando lo guiaba hacia la izquierda iba a la derecha, cuando lo mareaba para que enfureciera se quedaba calmado, cuando quería que corriera hacia él, se quedaba quieto en su sitio. Parecía conocer el pensamiento de José con anticipación.

"Eso confundió mucho a mi hijo, dejó a un lado su pose, su estilo y su bravado y luchó contra el toro. Los minutos pasaban mientras asistíamos a un combate extenuante. José confiaba en las lecciones aprendidas en la escuela taurina y peleó su combate más importante. La muchedumbre le gritaba que se arrimase. Y el toro se enfrentó a él con tal intensidad que parecía que el corazón se le saldría del pecho.

"El día, nublado, se sumió en la penumbra. Las nubes oscuras parecían colgar sobre las gradas. El viento era frío y soplaba de forma intermitente, el público se tuvo que cubrir y abrigar para no resfriarse. Yo estaba sentado en la fila de delante así que pude ver la cara de mi hijo y la frenética expresión en los ojos del toro.

"En algún punto José se dio cuenta de que el destino había intercedido por él, que había decidido que su hora llegaría esa oscura tarde. En ese momento la expresión de su rostro cambió. A lo mejor fue sólo mi imaginación, pero creo que vi su transformación en un sólo respiro. Justo había terminado un pase de rodillas y mientras intentaba ponerse de pie, perdió el balance y el toro, girando rápidamente, corrió hacia él—José, en lugar de prepararse rápidamente para la carga del toro, en lugar de hacerse a un lado, miró al cielo y pareció hacerme señas con la cabeza, una señal de aceptación. Y fue entonces que dio cara a la vida."

"¿Querrás decir la muerte?" pregunte. "¿Sufrió una cornada? ¿Murió ese día?"

"Fue un final glorioso. Se quedó en el medio para hacerle frente al toro que iba a la carga. Hincó el cuerno en su pecho y lo lanzó a diez metros de allí. Lo que estuvo raro fue que Némesis no atacó otra vez. Su destino estaba realizado, corrió lentamente hacia la sombra, en donde colapsó y murió.

"Y tu único hijo, José," interrumpí, "¿murió?"

"Fui a verlo a la enfermería," respondió. "La herida era mortal, afectaba varios órganos vitales y también a su espíritu. Las sábanas estaban todas retorcidas y llenas de sangre. Pero José había encontrado una forma de calmar su mente. Me sonrió a modo de bienvenida."

"¡Una corta pero gloriosa vida!" suspiró. "A final, todo me hizo sentido."

"Miré la cama, que tenía delante de mí, y vi al Ángel de la muerte sentado a su lado, serio y vestido de luto. Miré la cara del médico, que confirmó la cita con el ángel. No podemos hacer nada, José morirá en pocas horas."

El señor recordó como miró fijamente a su hijo, escuchando a la muchedumbre en las gradas y alrededor de la plaza gritando su nombre, José Antonio Castañeda de Castilla. Le partió el corazón, dijo, ver el final de su vida terrenal ese día. Y al ver otra vez al ángel, decidió compartir su secreto con su hijo.

"José, yo soy tu padre," le dijo el señor, "pero, también soy, Antonio Castañeda de Castilla. Fernando era mi hermano, mi gemelo idéntico y al mismo tiempo lo opuesto de mí. Ambos quisimos a tu madre, Isabel, la quisimos muchísimo. En una disputa, Fernando y yo nos retamos a cambiar de lugar por un día, ofreciendo yo sus clases mientras él haría de torero en la plaza. Y ese fatídico día, en una tarde caótica, el destino nos jugó una mala pasada. Fernando presenció su mejor corrida de toros y murió en mi lugar, mientras me forzaba a vivir en secreto lo que quedaba de su vida. Eres mi hijo, el único hijo de Antonio Castañeda de Castilla."

"Papá," se esforzó en decir, "irónicamente ya conocía tu secreto. Hace dos noches mi madre me lo contó todo, me contó la historia de su vida y de la tuya. Y al escucharla, intenté ser mejor persona, entender tus pasiones, para ser como tú, ¡un matador!"

"Eres un matador, José," le dijo el maestro.

"Sólo en la arena," gimió en voz alta, luchando por respirar. "En la arena me llaman matador, pero no soy más que un actor que les entretiene."

Su mano, llena de sangre, se posó sobre la cara de su padre.

"Pero tú, tú eres más que eso, eres un matador dentro de tu corazón, ¡un matador en todas las cosas de tu vida!"

Tosió y volvió a salir sangre por su boca.

"Eres el hombre que me gustaría haber sido. Estoy muriendo," dijo con lágrimas en los ojos, "pero estoy orgulloso de ser tu hijo, el único hijo de Antonio Castañeda de Castilla. Por favor, dile a la gente quién soy."

"Miró hacía una parte de la enfermería que estaba en penumbra, al otro lado de la cama y se estremeció," dijo el anciano.

"¡El ángel!" exclamó su hijo, "¡Puedo ver el ángel!" y sonriendo falleció, con los ojos abiertos.

El maestro soltó algunas lágrimas por su hijo, que había muerto mucho tiempo atrás, y luego tomó un sorbo del coñac. Levantó la copa y la chocó contra la mía.

"Bebe conmigo, por favor," dijo. "¡Por el ángel de Dios y por mi hijo José!"

Levanté también mi copa, envidiando su fe, "¡Por el ángel de Dios! Y por José."

Otra vez tuvimos que tomar un descanso de quince minutos para que el maestro rindiera homenaje a su vejiga en el lavabo. Cuando regresó intenté cambiar de tema a uno más ameno, pero era evidente que el señor había planificado esta noche hacía ya muchos años. Cerró sus ojos y tomó un respiro, recordando a su hijo y continuó.

"Es probable que te preguntes por qué, Isabel y yo, cuando estuvimos unidos por fin, no tuvimos más hijos," dijo.

"Sí, estás en lo cierto," dije.

"Lo intentamos," admitió con tristeza, "y nunca supimos si el defecto lo tenía ella o yo. Aunque le pedíamos a Dios que nos bendijera con niños, su flor se marchitaba cada mes sin producir ningún fruto. Pero hay cosas en la vida que debemos aceptar, sin saber por qué. Y así lo hicimos, disfrutando de menos responsabilidades, en un nido vacío. Volamos a lugares que no habíamos ni imaginado visitar, a Borneo y Nepal, Zimbawe, Belice, Trinidad, Galápagos, Jerusalén y el Líbano. Y a todos los sitios que soñábamos ir. Cuando visitábamos esos lugares tan exóticos, vivíamos de su tierra y del mar. ¡Tuvimos una vida extraordinaria!"

Bajó su cabeza y en silencio empezó a llorar.

"Y entonces, mi esposa Isabel, ay mi Isabel," suspiró moviendo su cabeza de lado a lado. "¡Mi mujer, mi mujer! Enfermó, y los médicos no le dieron mucho tiempo—menos de un año. Su enfermedad se había llevado la vida de tantas mujeres, cáncer de cérvix. ¿Te lo imaginas? ¡Amar a alguien por tanto tiempo y que un médico te diga que vuestra historia terminará en menos de un año! Al principio estábamos muy tristes, no te lo voy a negar, no lo podíamos ni creer. Pero los síntomas aparecieron: la pérdida de apetito, de peso también y luego el cansancio constante. Luego de siete meses, nos preparamos para el fin.

"Le pregunté si había algo que no habíamos hecho aún y que le gustaría hacer," dijo, "un lugar al que no habíamos llegado, un viaje que no realizamos. Le dije que sin importar dónde, iríamos. Me dijo que en honor a su abuelo, que era musulmán, quería hacer la peregrinación a la Meca, en Arabia."

"¿El peregrinaje? ¿El *Hajj*?" Le solté, recordando mi propia historia. "Es un deber sagrado de la fe musulmana, y un no creyente no debería hacerla, ni si quiera por curiosidad."

"Le dije lo mismo," me contó, "pero insistía en que era un rito que se remontaba a Abraham y que era un acto sagrado para una fe más allá de la musulmana. El hijo de Ezequiel hizo el peregrinaje, dijo ella. Toda su vida había querido hacer la ruta ¿cómo podía negarle su última voluntad?

"Por supuesto intenté poner una excusa," dijo. "Le dije que estaba preocupado por su salud y que el camino sería un riesgo innecesario a su salud, que acortaría su vida. Pero Isabel sabía cómo escabullirse.

"Estábamos en noviembre, lo recuerdo. Durante todo un mes antes de nuestra partida no tomamos no vino ni alcohol. Rezábamos juntos por la mañana y por la noche. El día que partimos me dio unas ropas para ponerme allí y sandalias de cuero.

"Salimos desde Tarifa, en Cádiz, tomamos un barco que nos llevó a Tánger donde nos unimos a una caravana de camellos con otros peregrinos que se dirigían a Algeciras. Allí tomamos un crucero que cruzó el Mediterráneo y nos encontramos con otros miles de peregrinos en Puerto Saíd, en Egipto. Allí, tomamos un tren al Cairo y llegamos tarde para nuestro vuelo. Con un día de retraso tomamos un vuelo nocturno a Jedda en Arabia en donde pasamos la noche.

"Con cada día que pasaba, tenía que ver a Isabel ponerse más débil. Lo veía en sus ojos, ella era optimista y daba lo mejor de sí, pero yo sabía que por dentro estaba sufriendo," dijo. "Cada mañana se levantaba más cansada, y se encontraba peor aun en las noches. Medina no estaba lejos, pero su condición no le permitía moverse mucho. Encontré una médico árabe que era famoso por sus tratamientos contra el cáncer, pero ya no había nada que hacer."

"En toda mi vida como médico, nunca había visto a una mujer sangrar tanto y seguir viva," me dijo ella. "Así que si amas a tu esposa debes llevarla de vuelta a España para que muera en paz en su hogar."

"Pero Isabel no la escuchaba," suspiró. "Insistía en ver la Medina y la Meca, en Arabia."

"Pero ninguno de vosotros es musulmán," dijo la médico, "así que les está prohibido entrar en la ciudad de Medina y tampoco podrán pisar la Meca. El peregrinaje no es para vosotros. Vayan a casa y encuentren la paz con vuestro dios en España."

"Hice una promesa a mi abuelo, que era musulmán," consiguió decir mi esposa. "Hizo la peregrinación siete veces, y fue islámico toda su vida. Le prometí que un día haría el peregrinaje a la Meca y a Medina, incluso si no pudiera entrar. Me dijo que el verdadero dios, *Allah*, era el dios de todo el mundo, sin importar el nombre que le dieran en otras religiones. Y para mi abuela, su esposa, que era judía, el verdadero dios era *Yahweh*, dios de todas las personas. Así que si hay un solo dios, no le prohíbe a nadie adorarle. He luchado y sufrido este viaje para rezarle. Si alguien está ofendido de que yo haya viajado tantos kilómetros para visitar las dos ciudades sagradas esa persona no conoce a Dios.

"Dios no conoce de religiones, ni divisiones, ni si quiera de tradiciones," dijo Isabel, "sólo reconoce a los que lo buscan con sinceridad, con todo su corazón y su mente. Esos son los verdaderos creyentes, que son bendecidos más allá de la mezquita, de la iglesia o la sinagoga. Los demás—creen en lideres, en los gobiernos, pero no creen en Dios."

"Esa noche," dijo el maestro, "volvimos a ver la mano de Dios. Paró su sangrado, su energía volvió a ser la de siempre. Tomamos un autobús y nos dirigimos a Medina. Hablamos de peregrinos y de los lugares visitados. Compartimos la historia de un viaje y una fe, como los peregrinos compartían la suya. Encontramos creyentes en todo el camino. Nos dimos cuenta de que en la vida de los hombres el camino, el viaje, es lo que más importa. El viaje es el lugar en donde sucede la vida, y el destino— es sólo el lugar donde termina el viaje. La vida es un viaje y la muerte es su destino, el destino que nadie busca.

"Y entonces tomamos un autobús a la Meca, y sin afectar la sensibilidad de nadie, observamos las ceremonias desde lejos y escuchamos las historias y cuentos de los peregrinos que habían formado parte de los rituales. Y esa noche, la noche antes de nuestra partida, le pregunté a Isabel por qué era para ella tan importante que hiciéramos el peregrinaje."

"El destino no era lo importante, como ya te he dicho" explicó ella. "Al final de tus días, el sentido de elevación cambia tu perspectiva. Desde este punto, más alto, se ven las cosas más claras, lo más extraño se entiende. Cuando estábamos en Pensilvania, en América, vi un insecto. Había vivido diecisiete años dentro de la tierra. ¡Diecisiete años para un insecto! Y después de tanto tiempo salió a la superficie, para vivir catorce días antes de morir. ¿Dónde había sucedido su vida? ¿Debajo de la tierra, o en la superficie? Es el camino, el viaje, la vida día a día, lo que tiene significado. Debemos apreciar cada día que vivimos, y sacar lo máximo a cada oportunidad, aprender de cada experiencia.

"El peregrinaje nos ha enseñado paciencia, persistencia y tolerancia. Debemos perseguir lo que queremos con perseverancia, con todas nuestras energías, pero tener la paciencia de aceptar lo imposible. Disfrutar del camino con pasión. No es la forma en que morimos lo que importa, sino cómo disfrutamos de cada día. Cumplí la promesa que le hice a mi abuelo. Estoy lista para regresar a casa."

"La llevé a casa inmediatamente," dijo él. "Estaba preocupado por su salud. La traje a esta misma casa. En cuanto llegamos se puso un albornoz morado. Estaba muy mal, comenzó a sangrar otra vez."

El señor Castañeda de Castilla se quedó un momento en silencio, sollozando. Recuerdo la incomodidad que sentí porque este hombre, que apenas conocía, me estaba entregando su alma. Sentía su dolor en las memorias revividas, sentir el miedo y la indefensión que sintió cuando supo que perdería a Isabel una vez más, esta vez para siempre. Su corazón se rompía, y me quedé sorprendido cuando me percaté de que el mío se rompía también. Mi garganta se cerraba, sentí una ola de dolor que me ahogaba, y una lágrima bajó por mi rostro.

"Recuerdo esa primera noche aquí," dijo. "La observé mientras dormía, la abracé, y tomé su mano toda la noche. Le rogué a Dios que tomara mi vida en lugar de la de ella. Pareces suspirar, Morisco, pero ¿qué más podía hacer? Sólo tenía mi vida para ofrecer. Le supliqué a mi dios que dejara vivir a Isabel.

"En algún momento, esa misma noche, cuando Isabel deliraba, respondió ella a mis plegarias. Dijo mi nombre '¡Antonio! Hay cosas en la vida que debemos aceptar, sin saber por qué.'

"Sentí un enorme resentimiento en mi corazón," me contó. "En toda mi vida, nunca había estado enfadado con Dios, hasta ese momento. Pedí un hijo—y no me lo dio, pero nunca pregunté. Volver a perder a Isabel, eso sí que no lo aceptaba. ¡No podía vivir sin ella! No había razón para comer ni dormir. ¿Para qué respirar si sabía que no estaría a mi lado? Mi resentimiento creció hasta la salida del sol. Su luz iluminó a Isabel."

"No estoy muerta," suspiró ella, "¿Por qué estás triste? Si sabes que tienes otro día que disfrutar conmigo, otro día, otra experiencia. En una sola noche has llegado a pensar, como Job, que Dios no escucha, que no ha hecho caso a tu reclamo. Te sientes mal por ti mismo. Tu pena no es por mí. Estás preocupado por Antonio. Pobre Antonio, ¿cómo va a vivir él sólo? Por eso tu reclamo no es escuchado."

"No hay nada de falso en mi reclamo," le contestó él. "Quizás he estado hablando de mí mismo, pero no entiendo cómo Dios permite que te pase esto. ¿Cómo te puede llevar de mi lado cuando conoce el latido de mi corazón? ¿Cómo puede ser tan cruel?"

"Te equivocas Antonio," dijo ella. "Dios sólo nos da bendiciones, es el proveedor de las cosas buenas, no nos da sufrimiento ni dolor. Dios nos da vida, salud y felicidad. Son nuestros pecados los que nos quitan la vida. ¿Cómo puedes ser tan egoísta con todas las bendiciones de las que hemos disfrutado? Piénsalo. Recuerda las aventuras que hemos vivido, otros sólo pueden soñarlas. ¡Hemos sentido la llama de la pasión en nuestras vidas, hemos experimentado el amor más grande! Hemos compartido nuestras vidas, y seguimos juntos. Hemos visto la mano de Dios. No estés triste, agradezcamos que tenemos un día más."

"Ya se está poniendo el sol," dijo. "Pronto será de noche. Gracias a ti aprendí a vivir bajo la luz, junto a tu calor. Ya no puedo regresar a las tinieblas, al frío. A donde vayas iré contigo. Cuando te vayas te seguiré. No puedo vivir sin la luz del sol."

"Pero aún no llega tu hora," suspiró ella. "Antonio, mi amor, entiende que no es nuestro fin. El destino nos espera. No podré caminar contigo, tendrás que llevarme, en tu corazón, en tu mente, en tus recuerdos. Para llegar juntos a nuestro destino debes contarle nuestra historia al morisco, cuando llegue."

"¿El Morisco?" exclamó. "¿Y quién es ese moro?"

"Sí, el Morisco," dijo ella. "Vendrá a contar nuestra historia. Es un pariente, descendiente de mi abuelo."

Paré estremecido por el comentario, no podía creer lo que estaba diciendo.

"¡Señor Castañeda!" dije perplejo, "¡estoy seguro de que Isabel le dijo eso, pero no puede ser cierto, debe ser un error! Me arrepiento de haber venido aquí, yo no soy el Moro que estaba esperando. ¡Eso sería imposible! No hay forma de que ella supiera que yo iba a venir. ¡Fue un accidente del destino!"

"Ella sabía," sonrió. "Su sangre gitana se lo dijo. Sabía el día exacto que vendrías. 'En veinte años, en abril, en luna creciente,' dijo, y me describió tu apariencia y la forma en que te reconocería."

"No puede ser," le argumenté. "¿Te dijo cómo me reconocerías? ¿Cómo?"

"Dijo que tenías sangre musulmana, de piel aceitunada y de mente intelectual," me explicó. "Que buscabas la sangre de otra vid. Llegaste aquí buscando tus raíces, una respuesta al misterio de tu vida. Antes de llegar a España buscabas tu familia en Marruecos, ¿no es así? ¿Intentabas encontrar allí a tu familia?"

"Bueno sí, eso es verdad," dije.

"La decepción de no haber encontrado nada te trajo a España" dijo. "Pero el destino no te llevó a Madrid, sino a Sevilla, a la casa en donde vivió Isabel. No tenías planes de venir, pero aquí estás. ¿Estoy en lo cierto?"

Bajé mi cabeza, a regañadientes. "No estaba en mis planes venir, y aun así no estoy convencido," le contesté.

"La sangre y la vid que buscas está aquí," me dijo. "Tu búsqueda ha llegado a su fin. Ahora sabes por qué has venido. Morisco, estás en casa, has venido por tu herencia."

Nos sentamos en silencio, por un rato, mientras yo consideraba la remota posibilidad, pero él continuó.

"Hoy se cumplen veinte años de la premonición de Isabel. Un moro, de mi familia, vendrá a contra nuestra historia. Y hoy has llegado, el día que dijo que llegarías, con tus herramientas de escritura y con la voluntad de escuchar nuestra historia. Ella sabía que vendrías. ¿Tenía razón, o no?"

Levantó su cabeza e inhaló fuertemente.

"Quizás es una coincidencia para ti, Morisco," me dijo el maestro, "pero Isabel lo supo. No me dijo que relación tienes con ella, pero es que estaba muy enferma. Pasó todo el día acostada, y yo sentado a su lado. Al llegar la noche, su respiración disminuyó."

"Por favor se tú mismo," le dijo ella. "Recuérdame siempre, Antonio, pero se tú mismo. Haz lo que debas hacer—aunque tu corazón deba buscar otro corazón que amar. Júrame que aun así me llevarás en tu recuerdo, hasta el día que llegue el Morisco. Prométeme que escribirá nuestra historia, y que la compartirá con las generaciones que no han nacido."

"No hace falta que te lo prometa," dijo entre lágrimas. "¡Ninguna fuerza, en la Tierra o el Universo, podrá quitarme el amor que siento por ti! ¿Veinte años? Si vivo mil, mi corazón latirá sólo por ti. Cuando llegue el Moro, le daré la bienvenida, como familia que es. Le haré jurar que compartirá nuestra historia con el mundo."

Lo miro, parecía que miraba otra vez su rostro. Comenzó a llorar.

"Al escucharlo, sonrió," dijo y bajó su cabeza.

"Hace muchos años hice un juramento. Prometí a Fernando que no contaría a nadie lo que hicimos, sólo en presencia del Ángel de la muerte. Hoy puedo contar la verdad, porque hoy voy a morir."

Casi no escuché lo que dijo porque estaba perdido en mis pensamientos. ¿Sería verdad? Pensé. Toda mi vida he vivido dentro de un mundo racional en donde no cabían los conceptos de fe y destino, ni si quiera Dios. Pero algo me trajo a Sevilla, algo que no tiene explicación. Al principio pensaba que sabía por qué había venido, pero estaba reconsiderando las razones. En dos ocasiones perdí mi vuelo en Casablanca por lo transitado del aeropuerto, luego tomé un vuelo que hacía escala en Sevilla y no me molestó para nada. Desde ese día, hace ya tres semanas, me he quedado aquí y nunca he parado a preguntarme la razón.

"¿Perdiste a Isabel esa noche?" le pregunté.

"No, imposible perderla," dijo sonriendo. "Desde ese día la llevo en mi recuerdo. Dejó atrás su caparazón, pero su memoria vive llena de color en mi mente. Su llama aun arde. Con mi corazón y mi mente la he llevado hasta hoy."

"¿Murió en paz?" pregunté otra vez.

"El ángel sopló una leve brisa, para traerle tranquilidad," dijo, "y le susurró al oído palabras reconfortantes hasta que el sol besaba el horizonte por el oeste. Me dijo unas últimas palabras.

"¡Hemos vivido un día largo y lleno de gloria!" dijo, y cerró sus ojos y dejó de respirar. La brisa la llevó al cielo. Llorando la abracé, besé sus labios por última vez, su rostro tenía paz, parecía dormir. ¡La puesta de sol llegó a mi vida hace veinte años!"

Por supuesto, el maestro parecía estar a punto de llorar otra vez, pero luego se veía más preocupado por la hora. Eran casi las cuatro de la madrugada.

"Quizás tienes alguna foto, o algún cuadro de ella para que la pueda ver" le sugerí. "El alegato de que pertenezco a su familia me sigue recorriendo el pensamiento y me está comiendo la curiosidad." Para saber a ciencia cierta si lo que Isabel había dicho era cierto tenía que verla, ver su rostro.

Le pidió a Luis que trajera once álbumes de fotos y me dejó que me tomara mi tiempo para verlas, aunque se le veía ansioso. Entre las fotos vi algunas de Fernando, y vi el parecido que tenían entre ellos y con su padre, también vi fotos de su madre y sus hermanas. Y entonces pude observar, foto tras foto, la historia de Isabel y Antonio. Los numerosos viajes que realizaron, las imágenes de todo lo que me había descrito. Y fue entonces cuando vi una foto de dieciséis centímetros por veinte y tuve que echarme hacia atrás en el asiento para no caerme, atónito. Su cara era justo como la de mi madre cuando era joven, casi idéntica, y la foto se parecía a una que tenía de mi madre en casa.

El abuelo de Isabel se parecía a mi abuelo, o quizás más a mi bisabuelo—sus ojos, la boca, la nariz, todo era muy similar. Yo estaba fascinado. ¡Qué coincidencia! Quería creer que lo que me decía el señor era verdad, pero mi mente racional no lo permitía. Aun habiendo visto las fotos seguía dudando, no estaba convencido.

"Y en los veinte años que has vivido sin ella," dije, "¿qué has hecho? ¿Has visto al moro antes? ¿Soy yo el primero que escucha esta historia?"

"Sí, eres el primero," me dijo. "Hice un juramento de que no revelaría mi identidad hasta este día. He contado esta historia en mi mente muchas veces, practicándola para el día que te la contara. La historia de mi vida, la historia de Isabel, que siempre será mi esposa.

"¿Te has vuelto a enamorar?" interrumpí. "Isabel te dejó esa opción."

"No me fue posible," suspiró. "¿Cuándo has visto el brillo del sol, por qué conformarse con la leve luz que emite una estrella?"

"¿Y qué terminó siendo de Verónica?" le pregunté. "Ella era más joven que tu esposa, y estaba enamorada de ti. ¿La volviste a ver?"

"¡La volví a ver!" dijo. "Su esposo murió hace diez años, y volvió a ser libre. Me envió una carta, invitándome a Santiago a verla. Su esposo le dejó una fortuna. Cuando murió Verónica sólo le había dado un heredero. Tenía un castillo en Santiago, no era muy grande, pero era un lugar en donde podía pasar sus días en lujo, estaba muy sola.

"En cuanto llegué me di cuenta de que no me dejaría ir. Hacía planes e inventaba excusas para que me quedara. No hablábamos de nuestra relación pasada, hasta un día que bebimos vino y no teníamos inhibiciones.

"'Sabes que siempre te he amado, mi Antonio' me dijo ella, y tomó mi mano acercándose a mí.

"Creía que amabas a mi hermano," le respondió él, "y me disculpo por haberte engañado. Te necesitaba y tomé ventaja del amor que le tenías a él. Me disculpo por haberme aprovechado de ti."

"¡No te preocupes!" rió ella. "Sabía que me casaría con el que fue mi marido, era cuestión de tiempo, así que yo también me aproveché de ti."

"Pero cuando supiste quien era yo," dijo él, "intentaste quitarme la vida."

"Y no me arrepiento," dijo ella. "Estaba tan enamorada de ti que la pasión se apoderó de mí ese día. Cuando supe quién eras, me di cuenta de que había encontrado mi verdadero amor, pero que nunca podría ser. No existía antídoto para el veneno de Isabel en tu sangre. Pensaba que matándote podía liberarme a mi misma—que podía escapar de la maldición—la maldición de amar a alguien sin remedio, que sin remedio está enamorada de otra persona. Le pasé la maldición a mi esposo, que a su vez lo pasó a la mujer que dejó por casarse conmigo, que luego me enteré que pasó la maldición a otro hombre. Mi esposo me amaba, pero creo que sabía que yo amaba a otro, que te amaba a ti. Antonio, siempre te he amado."

"Pero pensabas que amabas a Fernando, no a Antonio," discrepó él.

"Nunca conocí a Fernando, nunca con el corazón. Era un amor verde, inmaduro. Yo era una chica tonta impresionada por él," dijo. "Pero nada más. Pero cuando mi corazón maduró te lo ofrecí a ti. Te lo ofrecí cada noche en la cama, y en las mañanas cuando hacíamos el amor y hablábamos como dos niños que descubrían la vida. El tiempo que estuvimos juntos estuvo lleno de pasión. Mi primer amor, y el más grande, has sido tú, Antonio Castañeda de Castilla."

"¿Entonces nunca amaste a tu esposo?" le preguntó él.

"Fue un matrimonio de conveniencia, no por amor ni voluntad, sólo por riqueza y reputación. Pero he aprendido que donde hay riqueza pocas veces hay una unión apasionada, donde hay pasión, nunca se encontrará la riqueza. Tu esposa ha muerto hace diez años. Estas solo como yo. Algún día nos amamos. ¡Así que nos podemos amar otra vez!"

Yo estaba reacio y ella lo sabía, pero aun así continuó. "Ámame otra vez, Antonio," dijo ella. "Es todo lo que te pido. Nunca intentaré se sustituta de Isabel, eso sería imposible. Sé que nunca tendrás con nadie más lo que tuviste con ella. Pero sólo puedo ser Verónica, te amaré como nunca te han amado, con toda la energía que queda en mi cuerpo, con cada gota de sangre que pasa por mi corazón."

Ella tocó su cara con manos gentiles.

"Estamos viejos," dijo ella, "y estamos juntos. Deja que saquemos el mejor partido a esta oportunidad. Te lo ruego."

"No me puedo quedar contigo," dijo él, "en casa espero a un familiar. Pero tienes razón—los dos estamos viejos y tenemos una oportunidad para evitar la soledad y la insignificancia. Juntos podemos compartir nuestra vida, nuestra felicidad, tener aventuras y descubrir cosas nuevas. ¡Podemos amar otra vez! Pero no puedo olvidar las promesas que he hecho. Aun amo a Isabel.

"Verónica y yo pasamos tiempo juntos, viajamos, discutíamos temas profundos, sobre la vida y la búsqueda eterna por la sangre de la vid. El oporto que bebiste esta noche, que tanto te gustó, el de 1870—lo había heredado Verónica de un fortín enterrado durante la guerra. En nuestros viajes descubrimos tesoros vinícolas perdidos, barriles sumergidos en peligrosos mares. Robamos la petaca de Dionisio, el hijo de Zeus, y sin ninguna vergüenza bebimos el néctar reservado a los dioses. Viajamos a un lugar llamado Napa en América y probamos los vinos más raros en San Marino y en Croacia. Vivimos juntos cinco años. Verónica me dijo que nunca había conocido tanta felicidad y luego se enfermó."

"¡Qué infortunio!" exclamé, "¿Pero qué se puede esperar? La vida es tan corta. ¿Qué le pasó?"

"Sus riñones fallaron, también su hígado y páncreas—" dijo, "un cáncer que no podían curar los médicos. ¡No quería ni imaginarme lo que se sentiría perder a otro ser querido! Me quedé con ella mientras agonizaba en su casa. Y un día me dijo: 'Por favor no lamentes mi muerte. Me has dado las mejores experiencias de mi vida. Juntos vivimos la pasión en el ruedo. Te hice una estocada en el corazón y fallé porque está al otro lado. Nos amamos, nos perdimos, enfrentamos nuestros toros y ahora me han dado la estocada a mí, y moriré. Quédate conmigo hasta el final, te diré un secreto que juré nunca revelar."

"Y el día que murió, me dijo que su hijo, su heredero, que debía propagar el linaje y la sangre noble, era hijo mío. Que fue concebido en una noche de pasión y deshonestidad. Mi único heredero vivo. Me pidió perdón, por haberme engañado, me profesó una última vez su amor, antes de que el ángel la guiara a su destino. Sin que me lo esperara me dejó una gran suma de dinero, que nunca he llegado a tocar.

"Regresé a casa a esperar al moro, que llegaría en cinco años más. Esperé hasta esta tarde, que llegaste tú. Mantuve mi promesa a Isabel y ahora estoy listo para morir hoy."

"¿Morir?" pregunté emitiendo un grito ahogado. "¿Cómo puedes morir hoy? No estás enfermo, tu vida no está en riesgo. ¡No puedes morir!"

"No puedo morir en la cama," dijo él, "con el ángel mirando con simpatía. No merece la pena vivir de otro modo, sólo siendo un matador. Y no hay otra forma digna de morir, que morir en la arena. Esta tarde iremos a la Maestranza, y enfrentaré un toro. Y si le gano, enfrentaré a otro y un tercero y un cuarto si son necesarios, pero sé que moriré este día y no me levantaré de la arena."

Suspiró.

"Dios me ha permitido vivir ochentaisiete años, tengo que reconocer que el momento ha llegado. Debes prometerme que irás conmigo a la plaza a verme morir."

"¿Verte morir?" casi grito. "¡Te he conocido ayer! Desde ese momento he aprendido a pensar que eres como un padre en la búsqueda de las respuestas que yo necesito. No tengo el estómago para verlo. No quiero ver tu final."

"Es inevitable," me dijo, "no tengo a nadie más que me vea morir, no tengo más familia."

"¿Y Fernandito?" se me ocurrió preguntar. "Te veía como un padre ¿no?"

"Murió a la edad de diecisiete, en el ruedo," me contó. "Perdóname, no te lo había contado. Fue un niño tranquilo y pensativo, no estaba hecho para el arte del toreo. Era como su padre, Fernando, un pensador. No sentía al toro, sólo compasión por él. ¡Tan joven que era! ¿Qué se puede contar de alguien que muere a tan temprana edad? Ser matador no es para todo el mundo."

Tomó una pausa, parecía triste.

"Cuando eres viejo," dijo, "de todo lo que puedas dejar, lo más valioso es la historia de tu vida, que vale la pena sea rica o no. Morisco, te suplico que compartas esta historia que te cuento. Cuando muera, esta casa, esta propiedad y todo lo que poseo será tuyo, serás un hombre rico."

"No busco tu dinero ni posesiones. Ya tengo toda la riqueza y abundancia que he querido tener, con sólo escuchar tu historia," contesté. "Será un honor para mí, un honor no merecido, compartirla con el mundo. Si me permites la difundiré con la pasión que amerita. ¿Pero quién soy para merecerlo? Soy simplemente un hombre al que le gusta el buen vino y el brandy. Y tengo miedo de no tener las palabras ni la elocuencia para contarla con propiedad."

"Tengo fe en ti," dijo sonriendo, "y por eso he esperado con paciencia veinte años—sabía que vendrías. Isabel lo supo, y me hizo prometer que tú nos traerías la inmortalidad, a través de tus palabras. Ayer me reuní con un abogado para arreglar los documentos legales. Cuando me vaya todo será tuyo. ¿Estás de acuerdo?"

Dudé por un momento, como era de esperar, pero luego de pensarlo por un momento accedí de mala gana.

"¡Me llenaría de honor!" me transmitió. "Se hace tarde. Esta historia debe terminar hoy en la plaza, en la arena del ruedo y aun tenemos cosas que hacer antes de enfrentar mi último toro."

Llamó a Luis para que llamara por teléfono a un escudero que trajera un traje de luces, una capa, sombrero, zapatos y las demás herramientas de torero. Al escudero le tomó dos horas vestir al maestro, que se veía radiante mientras lograba con dificultad posar y practicar algunos movimientos.

El chofer llegó unos minutos después del medio día y nos llevó a un edificio en la zona de negocios de la ciudad, en donde un abogado preparaba el testamento del señor Fernando Castañeda de Castilla. Faltaban aún algunos documentos por llenar para la transferencia de bienes del señor.

Luego, el conductor nos llevó a la tumba de Isabel. Dejé que el maestro rindiera homenaje a su memoria. Nos sentamos por un momento, buscando el significado de nuestras vidas mientras contemplábamos la muerte, y luego habló.

"El sol se pone," dijo. "Pronto llegará la noche."

"Pero son sólo la una y cuarto," tuve que diferir. "Aún no es tarde."

"Mi viaje ha sido largo," dijo, "y me espera el destino, que es descansar junto a ella."

Al principio estuve sorprendido de ver la inscripción grabada en la lápida junto a la tumba de Isabel que decía: Antonio Castañeda de Castilla. Y luego me di cuenta de que Isabel había sido enterrada junto a la tumba de Fernando, su antiguo esposo, que se convirtió en Antonio en día de su muerte.

"Eres mi único heredero," me dijo el maestro, "así que me enterrarás junto a mi esposa, al otro lado. Y le pagarás a alguien que cambie las lápidas, para que cada uno tenga su nombre y terminar de una vez con este fraude."

Trajo cinco docenas de orquídeas para su esposa y dejó una copa de coñac para Fernando sobre su tumba. El señor se quedó un rato más sentado en un banco y yo fui al coche a esperarlo para dejarle sólo. Desde donde yo miraba, parecía hablarle al aire, luego se arrodilló, rezó y regresó al coche.

"A la Maestranza, ¡al fin!" le dijo al chofer sonriendo. "¡A torear una última vez!"

Las gradas estaban llenas. La muchedumbre frenética y excitada, esperando el sacrificio bajo un sol de abril, necesitados por la carga de sus pecados. Estaba allí con el maestro mientras esperaba en el burladero a conocer el toro que enfrentaría.

"¡Ay, Infierno!" alguien dijo, "del mismo linaje de Diablo, ese es el toro que enfrentaría Castañeda de Castilla."

Al escucharlo, intenté persuadir al señor, para que no accediera al combate. ¡No podía creer que el Presidente permitiera un suicidio tan sangriento en una plaza llena de gente! ¡Pensar que estaba permitiendo a un hombre de ochentaisiete años combatir a un toro tan peligroso! Me quejé ante los oficiales de los portones, pero no me hacían caso. Grité al Presidente que estaba sentado en su asiento especial, pero no me escuchaba.

"Es Castañeda de Castilla," dijo el Presidente. "No estoy de acuerdo, pero tengo que confiar en que sabe lo que hace."

Finalmente, hablé directamente con el señor Antonio, le pedí que abandonara el combate, "¡es una afrenta a tu propio dios!"

"Pero no crees en Dios," me dijo mientras caminaba a una muerte segura. "Ya hice las paces con él. Sé que encontrará perdón para mí, mi muerte será testimonio de su existencia."

Mientras seguía buscando como parar el combate, no podía entender cómo es que a nadie le ofendía, nadie se preocupaba por la masacre insensible de un hombre tan especial. Cuando ya no podía quejarme ante nadie más, me senté a presenciar la muerte de Antonio Castañeda de Castilla. El toro, Infierno, caminaba lento al salir. Parecía conocer la genealogía del matador, así que daba cada paso con extremada precaución. Estudiaba a Antonio, al que le costaba sostenerse en pie, y tambaleaba. El toro se dio cuenta rápidamente de su debilidad. Infierno resopló y sus ojos brillaron, mientras golpeaba sus pezuñas contra la arena, preparado para atacar.

El maestro se mantuvo en pie, sin miedo y listo para entrar en combate. Con una velocidad impresionante, el toro parecía desaparecer, volando directo a su objetivo, en las manos de Antonio. ¡Un primer pase! El toro se volvió a plantar, sabía que el maestro no podía moverse, que a la corrida le quedaba poco tiempo. Regresó a la carga, hizo un movimiento brusco de cabeza hacia la izquierda, en un punto débil del señor, ¡paletazo! No fue suficiente como para crear una herida grave, tiró al maestro al suelo y lo dejó lisiado. Tosió y salió sangre por su boca mientras intentaba levantarse. Resbalo y volvió a caer y se volvió a levantar. Los espectadores miraban horrorizados. Sabíamos que el sangriento final vendría en el próximo ataque. No podía mirar, intenté cerrar los ojos, dejé de respirar y esperé al sonido de su cuerpo al quedar destrozado. Y el toro volvió a atacar.

El maestro se encontraba indefenso, de pie, sujetaba la muleta de frente y su pesada espada yacía en el suelo. El toro estaba furioso, corría hacia él, con la sangre agitada, y la evidente intención de matar. Y el destino se cumplió. ¡Pero no! De momento, como paralizado por el miedo, el toro plantó firmemente sus pezuñas en la arena y luchó contra la inercia hasta que paró en seco, asustado y estremecido. Su sangre dejaba su corazón.

La nube de polvo que crearon sus pezuñas contra la arena continuó hacia adelante, aun cuando el toro había parado, y dentro de ella pude ver *la forma de un hombre*, que se paró a unos quince metros del toro. Llevaba claramente una espada y se preparaba a la estocada, pero la nube se disipó en segundos y con ella la forma del hombre.

Me preguntaba si la visión había sido producto de mi fatiga, un efecto de mi noche sin sueño. Pero entonces escuché como gritaba la muchedumbre, todas las personas en las gradas, un grito fuerte y de susto y pude ver nuevamente la silueta del hombre. Parecía que todos lo habían visto, hasta el mismo toro. La nube de polvo que seguía caminando por el ruedo pasó a través del señor Castañeda de Castilla y pareció quitarle la respiración. Fue un momento surreal y especialmente más cuando el maestro me miro riendo, satisfecho. Hizo una reverencia a su audiencia y se desplomó en el suelo.

Hubo un silencio de asombro, un sentido de sobrecogimiento alrededor de la plaza. Se acercaron el médico y el sacerdote y pronunciaron su muerte. Infierno, el último toro del linaje de Diablo, cayó al suelo y murió, al mismo tiempo que el último Castañeda de Castilla. El Presidente se levantó de su asiento con una mano en el corazón. La gente alrededor de la plaza hablaba de lo que había sucedido. ¡Un milagro! Decían todos."

Los fotógrafos y los que llevaban el equipo audiovisual probaron todas las cámaras para ver si el espectáculo podía ser grabado o documentado, pero ninguna cámara servía. Un sacerdote les explicó que era un acto de Dios, una llamada de fe, y como tal no podía filmarse.

En homenaje a su carrera, llovieron flores desde las gradas, claveles y rosas. Los hombres bajaron al centro del ruedo, donde su cuerpo yacía, lo levantaron y lo llevaron alrededor de la plaza.

Mientras pasaba el tiempo me daba cuenta de que cada vez estaba menos convencido de lo que había visto. La silueta podía haber sido la sombra del maestro, proyectada sobre la nube de polvo por las luces traseras. Pero en su mano había una espada preparada para atacar, y sabía que la espada del maestro estaba en el suelo.

Hice lo que el maestro me pidió. Al funeral llegaron personas de muchos países, que vinieron a guardar sus respetos. Hice que lo enterraran junto a Isabel y que se cambiaran las lápidas, para que el fraude terminara allí. Cuando escribí su historia consideré dejar fuera la visión de la silueta del hombre en la nube de arena. Pero con el riesgo de sonar tonto y crédulo lo escribí ya que lo que vi ese día ha cambiado mi percepción de la realidad. Aun así, sigo sin creer, pero tampoco dejo de creer. Y después de escuchar todas esas cosas y después de haber visto lo que he visto, me estoy inclinando a empezar a creer.

Cuando en las noches, sirvo coñac, siempre sirvo tres vasos: uno para mí, uno para Antonio Castañeda de Castilla, que siempre estará a mi lado y otro para la fe misma, que para los creyentes es representada por el ángel.

Irónicamente, sólo conocí a Antonio Castañeda de Castilla un día, desde la tarde de uno hasta la tarde siguiente, y aun así ese espacio de tiempo fue como toda una vida para mí, una vida que vivimos juntos. Quizás los que lean su historia la vivirán también. Es la historia de Antonio e Isabel, la historia de una vida.

Conversando con el señor Antonio, una hora antes de morir, le pregunté si debía iniciarme en el arte del toreo, para ser como él y vivir una vida de pasión.

"Ese tipo de vida no es para ti," me dijo. "Las corridas de toro no darán pasión a tu vida. Nunca quise decir eso. ¡Es la forma en que vive su vida lo que define al matador! El torero vive la vida y no tiene miedo. No teme a la muerte o a la pérdida, ni a que le rompan el corazón, lo decepcionen o traicionen y más importante, no le teme a creer."

He cumplido mi promesa, me disculpo si no he contado esta historia con la pasión que se merece, ni con la pasión con la que me fue contada por el señor. Debéis saber que es sólo una sombra de la historia que escuché. Por Antonio e Isabel, pásala a un amigo o familiar, o cuéntala a tus hijos, sin ningún otro propósito que entretener e inspirar. Finalmente he encontrado lo que buscaba, la sangre de la vid. Antonio e Isabel han cambiado mi vida. Así que me quedaré en Sevilla, donde mis creencias han echado raíces, y mañana comienza mi nueva vida, seré entrenado, para ser un matador.

FINAL